仁侠青春

（第一辑）

郝书翠　主编

山东大学出版社

图书在版编目(CIP)数据

仁侠青春．第1辑/郝书翠主编．—济南：山东大学出版社，2019．3

ISBN 978-7-5607-6309-5

Ⅰ．①仁… Ⅱ．①郝… Ⅲ．①大学生－思想政治教育－中国 Ⅳ．①G641

中国版本图书馆CIP数据核字(2019)第055126号

责任编辑：谭学秋
封面设计：张　荔

出版发行：山东大学出版社
社　址　山东省济南市山大南路20号
邮　编　250100
电　话　市场部(0531)88363008
经　销：新华书店
印　刷：济南华林彩印有限公司
规　格：720毫米×1000毫米　1/16
12.5印张　223千字
版　次：2019年3月第1版
印　次：2019年3月第1次印刷
定　价：38.00元

写在前面的话

说来有些啰嗦。我读本科的时候，低我一级的学妹要通过计算机等级考试才可以拿到毕业证，而我们这一级有了“豁免权”，当时觉得这是不算太小的幸运。这种心态大概可以较好地折射出我对新技术的恐慌。一个2005级的博士生，毕业论文资料准备完全不借助网络，恐怕也是不多见的事。曾经我对做课件很有些焦虑。大概是在2012年的春天，极为认同“学生在哪里，思政课教师就应该在哪里”的我，开始关注新浪微博，不经意间学会了截图和在课堂上利用截图。这个过程让我深深体会到了网络对思政课教学的强大助力。2014年的冬天，我在泰安参加了一次关于思政工作的培训。在那次培训会上，我了解到“高校思想政治理论课教学活页”会通过微信公众号推送教学资料。当时，我还不知道什么是微信。那次会后，我第一时间向我的同事李燕请求技术支援，有了自己的微信账号。

接触微信之后，我很快有了一种似曾相识之感。这种感觉未必特别准确，但是比较强烈：原来新浪微博上广为传播的谣言转战场了。这甚至让我有一点沮丧。同时，又涌起了一点斗志和一份参与的热情。我也想办一个微信公众号，就定位于“有仁有侠有青春”！2015年的冬天，行动开始！最初的战友是我的同事陈旭、和春红。和春红博士帮助我了解了申请账号等一系列的程序，并对栏目的设置给出了出色的建议。陈旭博士很明了我的想法，甚至在我自己都不能清楚表达的情况下，她指导2014级数字媒体专业的朱双月同学设计出了我们公众号的标志。那种“红五星在我心中”“以笔为剑”的意象让我感受到了深深的志同道合的温暖和力量。刚上线那几天，恰逢我到温州参加一个教学改革的会议,却不懂自己在手机上编辑、推送等一系列的事情,但那又是热情最高的时候。我和陈旭、和春红约定每天都推送消息,最初的推送内容多是和春红精挑细选出来的,而每天的推送任务都交给了陈旭。

“仁侠青春”上线以来,我的同事焦佩、闫惠惠、马秋丽、陈旭、崔微、和春红、张磊、孙克、杨永兴、房世刚诸位博士给予了莫大支持。我们学院的博士生导师付文忠、吴文新两位教授对公众号的建设给予了一些关键性指导。2014 级的赵芳泽、2015 级的黄婷婷、2017 级的辛华钰、我的硕士研究生彭宇宁先后加入到编辑队伍中来。如果没有众多同事的支持和这几位同学的帮助,恐怕我也很难坚持下来。尤其是彭宇宁,无论什么时候,只要公众号需要她,她从来都是毫无怨言地迅速做好。这些人无私的奉献让我有了一种坚实的心理依靠和后盾。

我深深知道,建设好一个公众号,需要投入很多的精力。可是,由于各种各样的原因,我的投入相当不足。好在,有了同事们的大力支持,它还算是发展顺利,一直不违初衷、未忘初心。

毛泽东指出:“谁是我们的敌人,谁是我们的朋友,这个问题是革命的首要问题。”近代中国的命运以及迫切追赶西方发达国家的心态导致中国学界长期以来受西方话语体系的影响,一段时间内唯西方马首是瞻的情形不能说不严重。文化殖民、文化侵略具有很深的隐蔽性。如果文化自卑牢牢地植根于知识分子的话语范式之中,中华优秀传统文化的独特魅力就会被重重遮蔽。时至今日,中国高铁已在世界各地拿下大单,茅台酒也已进入美国的酒吧,但美国大片、韩流飓风仍在冲击着我们的文化感知,自轻自贱的心理仍时隐时现。“西方中心论”不破,大学生的文化自信则根基不牢。自党的十八大以来,党中央高度重视中华优秀传统文化教育,习近平总书记多次发表重要讲话,强调要讲清楚中华优秀传统文化的历史渊源、发展脉络、基本走向,讲清楚中华文化的独特创造、价值理念、鲜明特色,增强文化自信和价值观自信;党的十九大报告中又提出了“坚持创造性转化、创新性发展,不断铸就中华文化新辉煌”的宏伟目标。“仁侠青春”致力于成为文化自信这一宣传领域的优秀自媒体,着眼于引导大学生树立和坚持正确的历史观、民族观、国家观、文化观，着眼于不断增强中华民族的认同感、尊严感、荣誉感，着眼于提升中华优秀传统文化的感染力、感召力，引导并与青年学生一起领略中华优秀传统文化的智慧真谛，以便融入民族生活蓬勃向上的现实潮流。为构筑“中国梦”的精神力量而努力，是“仁侠青春”公众号的职责所在，也是其热情所在。

“仁侠青春”上线近三年，我记不清楚写了多少退稿信，也记不清楚有多少次面对和承受了“有什么用”的诘问。我也知道，如果要对它作一个评价，它大约也就是一个三岁孩子的心智水平，不论是栏目设置，还是新技术利用，至今都还在极为缓慢的摸索之中，而其推广能力和影响力，则更是微弱到若有若无。但是，当我收到一篇又一篇来自大学生的投稿，看到其中与中国的崛起一起茁壮成长起来的自信的、青春的气质，我有一种发自心底的感恩、欣慰和自豪感。有时候我会想，一个也许常常浑身泥巴的三岁乡村孩子，会有多大名气呢？可是，只要他是一个正直、向上的孩子，他就拥有一份能够让祖国“永远年轻慷慨放歌”的力量。理解光明，才能够有与美好同行的机会。我有义务，也愿意因传播这样的文字而多一些负累。

郝书翠

2018 年 10 月

目　录

一、感甲午风云

二、走实践之路

三、晓传统真味

四、解仁侠真意

一、感甲午风云

揽观"定远",忆古思今

王　婧

[山东大学(威海)商学院2015级金融专业学生]

风很大,迎面袭来,夹着几丝雨。这种天气我本就不喜出门,要绕大半个环翠区去看那定远舰,难免心有不满。但当我踏上甲板时还是被它震撼了。不知该怎么形容,是雄伟,是壮观,更是一种历史的厚重感。它并不是让我慢慢地感受,细细地体会,而是简单直接地撞击着我的感官,让我恍然领悟:这便是历史啊!

重7000多吨,排水量7000多吨,战舰装甲厚14寸,配有四门12寸口径的主炮的"亚洲第一巨舰"定远舰就在我的脚下,导游清晰的解读声就在我的耳畔。一切都恍若跨越时空,百年往事,历历在目,甲午战士的雄姿,铁甲巨舰的雄风,黄海大战的雄观都充盈着我的脑海。

大家顺着高而窄的铁梯从甲板上下来,进入了船舱,紧接着便有一面古铜色的浮雕墙映入眼帘,暗黄色的灯光打在"忆古思今"这四个大字上面,让我不由得灵魂一颤。随后的一个多小时我便一直沉浸在这种思绪中,难以自拔。走过一艘艘战舰模型,走过一座座烈士雕塑,走过一个个功能各异的船舱,我觉得自己好像走入了那段历史——中日激战。"定远"号装甲战列舰由刘步蟾舰长亲驾,排列在雁型战队的首端,"致远""镇远""平远"等战舰依次随其后,与日军战船殊死抵抗。奈何中日实力差距甚大,北洋舰队难以抵抗日军的猛烈攻击,部分舰船面临沉海。危急关头,致远舰管带邓世昌下令开足马力撞击日军主力吉野舰,宁与日军同归于尽,也不屈服于敌人。民族大义,宁折不屈,令人感叹。

接着又向下进入了另一个船舱,是一个祠堂,有些暗,可墙上那一幅幅挂像却很是清晰,溢着淡淡的光辉。第一个映入眼帘的便是邓世昌,看起来也只是30多岁的样子,正值壮年,意气风发。他是船政学堂首届驾驶班成员,曾两次赴英参加接收"超勇""致远"等军舰,是北洋水师的中坚力量。他有着强烈的爱国热情,尝曰:"人谁不死,但愿死得其所尔。"在大东沟海战中,邓世昌指挥致远舰奋力作战,前后火炮齐开,连连击中日舰。后在日舰的围攻下,致远舰寡不敌众,多处受伤,全舰燃起大火,船身倾斜。邓世昌便鼓励全舰官兵道:"吾辈从军卫国,早置生死于度外,今日之事,有死而已!倭舰专恃'吉野',苟沉此舰,足以夺其气而成事。"于是毅然驾舰全速撞向日军主力舰"吉野"号右舷,决意与敌人同归于尽。倭舰官兵见状大惊失色,集中火炮向致远舰射击,不幸一发炮弹击中致远舰的鱼雷发射管,管内鱼雷爆炸导致致远舰沉没。邓世昌坠落海中后,其随从以救生圈相救,被他拒绝,其言:"我立志杀敌报国,今死于海,义也,何求生为!"毅然沉没于波涛之中,与全舰官兵250余人一同壮烈殉国。何其悲壮!有将如此,国之威武!

紧挨着邓世昌挂像的便是定远舰舰长刘步蟾了,同样是一张年轻的面孔,目光如炬,颇有一代将领的风范。光绪二十年(1894),中日甲午战争爆发,八月十八日,中日两国海军主力在黄海海面相遇,展开激战。战斗中,刘步蟾指挥定远舰英勇作战,"不稍退避",始终在战场上坚持作战,并重创了日军旗舰"松岛"号。海战结束后,刘步蟾因功升记名提督。光绪二十一年(1895)元月十一日,在威海卫保卫战中,定远舰被偷袭入港的日本鱼雷艇击伤,被迫搁浅在刘公岛东部充作"水炮台",因进水过于严重,丁汝昌决定放弃定远舰。当时刘公岛局势日趋恶化,因恐定远舰将来落入敌手,丁汝昌、刘步蟾于正月十六日下令,将定远舰炸散。当夜,刘步蟾便追随自己的爱舰,自杀殉国。实践了生前"苟丧舰,必自裁"的誓言,时年43岁。一代海军名将,就这样与他所钟爱的战舰,一同消失在保家卫国的海上疆场。不由得令人为之惋惜，也为之赞叹，想我中华将领，当英勇如此，壮烈如此！

这两幅挂像可谓是这艘定远舰最让我印象深刻的地方了。海军的精神就在此，中华民族的精神就在此，后代应效仿先烈们的爱国精神。现在的我们虽不像他们，生于乱世，保家卫国，死而后已，但仍可尽己所能，为国家做些事儿。

除此祠堂，还有一处令我动容，那便是几块定远舰残骸了。不是很大，却个个充满年代感，上面满是铁锈，还有着斑斑驳驳的子弹打过的印记，可见海战之激烈。导游讲起当时日本富豪小野隆介出资 2 万日元，从日本海军手中购买了大量定远舰残骸，拆卸材料，运到其故乡福冈太宰府，建造定远舰别墅的事情。舱壁变成大门，舱轮变成咖啡桌，系缆桩变成装饰……别墅内处处可见定远舰昔日景象，残骸上被炮弹洞穿的地方依旧狰狞，至今看来仍触目惊心。这样一艘烈士之舰，居然被日本人当作彰显中日战争胜利之威风的战利品，多么令人愤怒，实乃中华儿女之耻辱！就算是为了争这一口气，吾辈也应振兴中华，弘扬国威！

时间过得很快，一转眼我们的参观就结束了。随着人群走下甲板，渐渐远离了那个历史的大舞台，我的内心久久不能平复。生于和平年代的我似乎从来没有如此近距离地体会过战争的感觉，内心也从来没有被激起如此强烈的爱国热潮，定远舰让我第一次感受到了。

历史的硝烟已慢慢散去，回望，大清明黄色的国旗依旧在飘扬，向我们呼唤着，呐喊着：勿忘国耻，居安思危。即使我们回不到过去，无法献身沙场，但我们可以铭记那段历史，肩负复兴中华的使命，更坚定地走下去……

永远记得梁启超先生《少年中国说》中的那段话："少年智则国智，少年富则国富，少年强则国强，少年独立则国独立，少年自由则国自由，少年进步则国进步，少年胜于欧洲则国胜于欧洲，少年雄于地球则国雄于地球。"

年少的我们，请大步向前，不负定远，不负忠魂！

定远舰参观随想

万欣怡

[山东大学(威海)商学院2015级金融专业学生]

2016年10月24日下午,在思政课老师的提议下,我们2015级金融专业的全体同学陆陆续续地来到威海港公园,准备参观这艘对中国海军历史意义深远的战舰——定远舰。之前在威海常听人提及定远舰,今日有机会目睹其风采,我的内心是相当兴奋的。

可惜这一天天公不作美,天色灰暗阴沉,乌云密布仿佛预示着大雨将至。当我抵达码头时,定远舰宏伟的外观让我眼前一亮,心情也瞬间晴朗了许多。我伫立岸边翘首望去,定远舰黑漆漆的船身庄严而肃穆。它的身躯之大,站在近处是看不完全的,在它身旁停驻的一些小船、小艇与之形成了鲜明的对比。船上高耸的瞭望塔十分引人注目,塔上尖尖的桅杆直至苍穹,还有五彩的船帆迎风飘扬着。据了解,这艘"定远舰纪念号"其实是历史上那艘定远舰的原貌再现,虽然是后世复制的,但我觉得其壮观伟岸的身姿也不亚于当年的"定远",所以在下文姑且允许我以"定远舰"指代它。

一边听着导游流畅的讲解,一边跟随着她的脚步,我们渐渐走近定远舰。

首先我们登上了第一层甲板,然后从船中央走到了船头,将船上的一些设施和武器装备看了个大概。其中装备还是很精良的,有威力勇猛的炮台,有迅捷敏锐的鱼雷,还有雄伟神秘的潜艇……导游一一讲解了它们的历史背景、规格标准以及操作方法等,听了之后不由得让人心生敬畏,感慨不已。第二层的展览厅中陈列着不少留存下来的文字材料、历史旧照以及一些仿制的船上物件模型，让人有一种历史的代入感和厚重感。在我们浏览的同时，导游以时间为顺序向我们介绍甲午海战战前、战时、战后的中日对比情况。战前，定远舰号称"亚洲第一巨舰"，是中国海军的辉煌和骄傲，而后来腐朽无能的清政府疏忽了对海防的巩固，再加上缩减海军建设的开支，花费大量物力、财力于皇室奢侈的生活享受，导致北洋水师军事实力逐步被削弱。量变最终引起质变，甲午海战中日战斗实力即见分晓，北洋水师在与日军的交锋中全军覆没，定远舰弹指间樯橹灰飞烟灭。战后的情况众人皆知：不平等条约的签订、大范围的割地、大额的赔款、国家实力大大衰落、殖民危机进一步加深，曾经的光荣消逝，无尽的耻辱留存，悲呼哀哉！

甲午海战的历史框架犹如电影片段回放一般在我的脑海里浮现，我其实早已对它了然于心，只是在不同的场合想起仍会产生新的感受和思考。徘徊在灯光幽暗的展厅里，我回想起自己去年登上刘公岛，参观甲午海战纪念馆的情形，纪念馆里也陈列着关于这段历史的琐碎遗迹，不断提醒着参观的人铭记与反思。然而一旦步入定远舰，似乎更能产生身临其境的感觉，可能因为这就是"案发现场"。这里布置了一些生动逼真的场所，若是细细品味其中的小细节必会百感交集。比如，你会看到中国古代传统的造船工艺，为造船业的发展而慨叹不已；你会看到郑和下西洋的船队模型，忍不住将之与定远舰的外形对比差异；你还会看到先进的航空母舰模型，这已经是当代的崭新成就，你会因此展望未来，觉得希望无限。

之后我们走进了第三层船舱，我印象比较深刻的有中日海军官兵的服饰，中国官兵的着装还是传统的东方风，而日本官兵的服装已明显西化了。再往里走可以探索到定远舰复原的历史生活场景，有上级军官豪华的起居室，也有普通船员简陋拥挤的住处，还有医务室、手术室、会议室等。这些场景复原得惟妙惟肖，看后依稀能让人体会到船上官兵们的生活的气息，这当然比教科书上的描述更为生动直观，这堂思政课的实践意义也许就在于此吧！

参观渐渐接近尾声，最后呈现在我们眼前的是一个环幕影厅，刚好开始放映黄海大战的三维影片。此时模型、灯光、音效以及旁白相互衔接配合，演绎得精彩而到位。影片既对甲午海战的历史进行回顾，又对定远舰的意义进行诠释和升华。我从中感悟到定远舰不仅仅只是一支战舰,也是历史传承者,更是中华民族坚毅精神的象征。虽然它以沉没汪洋为结局,但是换来了中国的觉醒,启迪着后人思古追今。确实如此,我们只有以史为鉴,才能知晓兴替,只有正视历史,才能指导未来。参观历史遗迹,加深历史记忆,接受爱国教育对当代大学生之所以重要,一方面是因为铭记历史是“必修课”,为了借鉴已有的经验不让历史的悲剧重演;另一方面,是有助于树立爱国心与民族责任感,真正关心自己国家的人会自愿花时间去了解甚至研究其历史,关心国家的人往往会因此获得更大的激励,前进的目标更为清晰,前进的步伐更为坚定。而当代大学生接受高等教育可能关注的大多是未来的就业问题,这无可厚非,但是往往实现个人价值不能脱离国家和社会的进步发展。心系国家、放眼世界是永远不落窠臼的目标和方向,我们只有时时谨记远大的目标,才不会在嘈杂喧嚣的环境中迷失自己。

如今我们处在和平的年代,硝烟和战火仿佛离大多数人都比较遥远,一些青年只顾享受安逸的时光而不对未来作任何思考。请不要忘记:“生于忧患,死于安乐。”这沉重的历史记忆,考验着我们整个民族。我们温习兴衰荣辱的交织、交替,是为了形成理性的思考,从而理解和平的意义,探寻强国的道路。仅仅考虑个人的发展是远远不够的,还应该思索民族的未来。在理性思考之后,要付诸行动,要实践,再实践,直到找到真理,我想这时候个人才能成为一个大写的“人”!

我们陆陆续续走出了船舱,短暂的定远舰参观之行就结束了,意料之中的阴雨降临大地,身上感觉寒气侵袭,可是思想的潮流还在心中翻涌奔腾。通过此次参观我的心境变化不少,我能竭力去思及我很久未曾思及的方面,我重温了甲午海战历史,也在此基础上获得了新知。我应该多从宏观角度看看我的国家和我所在的世界,在实现人生价值的道路上分清孰轻孰重,追求该追求的,舍去该放弃的,而与生俱来的民族界定就是我动力的来源。

参观定远舰有感

贾艳云

［山东大学(威海)商学院2015级金融学专业学生］

中华上下五千年，文明在发展，时代在进步，社会也在变革，历史轮轴不停地转动，我们既是它的见证者，又是它的参与者。时间在流逝，然而走过的路却不是空白，残留的痕迹足以让我们回顾那或辉煌或屈辱的岁月……

时至今日，人们也依旧津津乐道那些存于战争年代的不屈的广为人知的奋斗故事。中国的近现代可以说是一段屈辱的历史，但同时它也是一段反抗与斗争的历史。在周一的思政课上，我们在老师的带领下，去参观了定远舰。当然，这是我们为纪念甲午战争而做的复制品，真正的定远舰早在1895年被迫炸毁。

跟随着讲解员的脚步，我们先行踏上了甲板，甲板上有三层，放有各种武器装备。据介绍，军舰上的构造是完全依据历史资料按1∶1比例进行复制构造的。之后我们又进入了船舱，同样也是三层。舱内设有北洋海军历史陈列室，有北洋海军军官和水兵的住处，还有三维环幕影院供游览。

关于定远舰的内部构造，我这就不多作说明了，眼观为实，耳听为虚，听得再多，都不如亲自瞧一眼来得震撼，对此，我深有体会。在船舱内，我尤为感兴趣的是海军军官和水兵们的生活状况。我们参观了“军官生活区”——它位于舰尾部，整体是欧式风格，是中、高级军官生活起居的场所，里面设有军官住舱、会议室、餐厅等功能舱室。比起军官们配有办公桌和船状床的住舱，水兵们住舱就简陋多了，一张八人的大餐桌，还有为了节省空间的吊床，制作精良的蜡像更加形象地还原了历史的真实情况。

关于定远舰,不少人一知半解,我也不例外。随着参观的进行以及导游的讲解,我对它有了清楚的认识。我国是拥有长达 2.1 万公里漫长海岸线的濒海大国,具有悠久的海洋文化传统,早在春秋时代就有关于海战的记载,到明朝时到达顶峰,但明清时期的闭关锁国政策,使中国的海军建设一度陷入了停滞。随着人们对近现代化的探索,海军也随之发展,北洋海军的定远舰以其强大的战斗力和生存力一度被誉为“亚洲第一巨舰”。但我们都明白,腐朽的封建制度根本就不利于现代化的发展。清末,慈禧太后掌控朝政,兴修颐和园和筹办六十大寿,占用了大量海军建设军费,一年一年过去,定远舰早已因服役时间过长,且缺少保养,战斗力大为下降。所以,甲午战争的失败,定远舰的炸毁,既是历史的必然,也是时代衰败的缩影!2005 年,为了纪念这艘一代名舰,按照原尺寸复制的定远纪念舰出现在威海,向人们讲述着中国海洋上一段不该忘却的历史……

“忆定远雄风,思甲午忠魂”,刻在陈列石碑上的一句话诠释了定远舰的历史意义,正所谓“忆古思今”,如何正确地看待历史,分析历史之根本,才是我们所需探讨的问题。

定远舰炸毁之后,许多军舰残骸被日本人打捞掠走,现有多件保存在日本国内。曾有一日本富豪小野隆介出资 2 万日元,从日本海军手中购买了定远舰残骸,拆卸材料后,运到了其故乡,建造名为“定远馆”的别墅。别墅内不少材料上还保留着弹孔,日本人把它作为荣耀保留了下来。由于这栋别墅的特殊性,不少日本军官到此访问,但事实上,小野并没有居住很久。传闻,有人曾在夜间与穿着中国水兵制服的人相撞,这栋别墅也就由此被人们称为“鬼屋”。听导游介绍,现在这座别墅已被用作玩具批发市场。故事是真还是假无处探究,但我想这个故事在某种程度上反映了人们对于日本这种“把快乐建立在别人的痛苦上”的行为的不满,更有对这一历史事件的耻辱感。

参观某些历史文物或者某种遗址,其目的不仅仅是提醒我们不要忘记历史,更重要的是,如何从历史中学习?学习什么?什么教训同样适用于现在?针对诸如此类问题思考后得到的感悟,才是最大的收获。从中学时期我们就开始学习历史，到了大学之后我们仍然在学习历史，学习得更加深入，从更多的方面去探讨，其意义同样如此。

此次社会实践让我体会良多，希望更多的人去参观定远舰，去认识了解这段历史。它虽不辉煌，但同样意义非凡。

历史带给我们什么?

刘晶鑫
[山东大学(威海)商学院 2015 级金融学专业学生]

我和芸芸众生一样,虽然也有民族责任感,偶尔还比较强烈,但大多数时候,都在忙碌于自己的生活。

我之前对威海的这艘定远舰很不了解,参观的前一天才通过网络得知,眼前的这艘舰船是按照清朝北洋海军旗舰"定远号"复制的,而不是当年的残骸遗迹。我也不了解相关历史,面对这艘停泊在海上的巨舰,远望着舰上飘扬的龙旗,心生的厚重感让人感到几分肃穆和敬畏。接着,我们在解说员的指引下陆续登上定远舰,开始了参观,在甲板上看到各式大炮、鱼雷艇和指挥台,进入船舱内,游览历史展馆,在解说员一路的专业讲解中,粗略摸索着定远舰的前世今生。

其实,这次参观除了铭记历史、兴我中华之外,让我感触更深的是我们这些受过十几年现代教育的年轻一代对待历史的态度以及我们对历史有着怎样的思考。我总是认为,在历史的长河中,自己是那么渺小,"鉴前世之兴衰,考当今之得失"于我而言,未免太过深刻,也太过遥远。然而,当我们匆匆结束定远舰之行时,我回头望向依旧在风中飘动的黄色龙旗,不由得心生落寞,甚至有一丝愧怍。

我不是那种历史文化素养很高的学生,甚至可以说是历史盲,借由学校的活动,我被动却也确确实实了解到了一些历史,从中国海军建设的往昔辉煌,到清政府的闭关锁国,两次鸦片战争,再到洋务运动以及最后的甲午海战……定远舰纪念着一段不应忘却的历史。

诚然，在历史展馆里感慨荣耀与耻辱，乃至涕泪横流的景象很少见，但看着远在日本的定远残骸被侵略者改造成咖啡桌，同学们都很愤懑。也许我们中的大多数都可以在一篇篇文字中，满腔热情地甚至鞭辟入里地表达“勿忘国耻，复兴中华”的主题，喟叹前车之覆，后车之鉴，可是，除去那些教条式的呼号、规则化的框架，在我们的心中，国家和民族究竟占有多大分量，我们之中又有多少人可以像周总理一样“为中华之崛起而读书”，像邓稼先一样舍弃自身利益，为国家“两弹一星”事业贡献一生？面对历史，我们需要铭记的是什么，又为何要铭记？面对这些值得我们思考的问题，我们又将怎样用行动使其得到深远的内化？

或许我们不够了解历史，认不清政治形势，也不妨碍我们在民族危亡之时抛头颅、洒热血，就像在定远舰上睡吊床、啃土豆，在黄海海战中顽强作战、英勇殉国的普通炮兵们。在新的历史时期，我们不再挣扎着救亡图存，我们需要的不仅仅是一腔热血，还有穿透历史表象的深邃目光，更何况倘若我们忽视历史，又哪里来的文化自信、民族认同感，又何来对前路的担当和开辟的热忱？年轻一代的国人如果不重视、正视历史，不去探知、审视历史，那么这个国家一定会重蹈覆辙。冷却过去，国家就如没有根的浮萍，只能随波逐流。

郝老师课上曾经说过一句话：“只有超越了个人的利益得失，才能理解宏大的命题。”领悟历史，正是如此。贴近历史的痕迹，将会各自拓宽我们生命的广度，我们可以承认自己是凡夫俗子，但决不能低着头只做精致的利己主义者。忆起那散不尽的黑烟，我们得想想：除了眼前的苟且，我们向往诗和远方，那么，生活的诗意如何才能被感知，远方到底如何才能到达，我们还能做些什么才可以留下能够在时间的沉淀下熠熠生辉的东西。

不忘“定远” 居安思危

李天然

[山东大学(威海)商学院 2015 级金融专业学生]

定远舰在大家心中一直如神般存在,我们曾听闻它的丰功伟绩,曾了解它在清朝的显著地位,也曾见识了它轰轰烈烈的“牺牲”。终于,我们有机会去深入了解,去见证它。这天,我们一行人怀着沉重的心情迎着海风走上“定远”的甲板,去观它的一枪一炮,去看它的一屋一室。

作为亚洲第一、世界第六的北洋水师的旗舰,“定远”承载了多少辉煌和荣耀,然而国家腐败,民族衰亡,这又岂是一艘定远舰所能改变的呢?远看“定远”,它如一头沉睡的卧龙一般静静地浮在海面,走上甲板,它的沉稳如一位饱经沧桑的老者让我急切地想去了解它的过去,想走近它,聆听它。跟随着导游的声音,我们回到了清朝,回到了北洋时代,走进了水手们的生活,走到军官们的议事厅。

《甲午大海战》中有句台词:世界上每一次大海战都将决定两个国家的命运。的确,甲午海战决定了清朝和日本的命运。但这只是因为一场战争吗?清朝的腐败已根深蒂固,又哪是一艘战舰、一个水师所能改变的。起初,北洋海军可谓全国闻名,可它却把资金用来筹备慈禧的寿辰,而在此期间,日本天皇却省吃俭用,鼓励军民大力发展海军,就是在这种差距下日本海军获得了突飞猛进的发展,而北洋海军却未增加一炮一舰,由此导致了在甲午战争中双方差距悬殊,让一向享誉全球的北洋海军一败涂地,导致清朝退让丧权,腐败亡国。

定远舰只是那时候中国命运的一个缩影。如果国家腐败,再怎么先进的战舰，都注定只会有悲情的命运。海军战舰在自己家门口触礁报废，在自己家中被人家的鱼雷艇袭击，是真的天不佑北洋水师还是偶然中的必然？难道北洋水师的将领都没有意识到这场生死决战的重要意义吗？如果他们提前知道会有这场大海战，他们还会准备不足、弹药匮乏吗？可是历史没有如果，正如邓世昌说的那样："只有又一次更惨痛的失利，才会让这个沉睡的国家觉醒。"

"苟丧舰，必自裁。"虽然北洋水师战败了，可是它所留下来的"定远精神"同样冲荡着我们的心灵，在战争中涌现出的无惧无畏的爱国主义精神可歌可泣。邓世昌、林永升、黄建勋、丁汝昌、刘步蟾、林泰曾他们都是顶天立地的民族英雄，他们是所有在那场大海战中牺牲的爱国将士的代表，他们精神永在。邓世昌，作为大家都了解的民族英雄，最终选择与舰共存亡。刘步蟾，这位随着古老战舰一起沉睡的主人，这位毕业于英国皇家海军学校的优秀毕业生，黄海海战战败，威海沦陷，北洋水师憋在刘公岛内陷入绝境。为了不让"定远"被日本人占有，他含泪命令将"定远"炸沉，而他自己也于次日凌晨服毒自杀，实现了他从英国海军传承来的"与舰共存"的理念。他们长眠于这片蔚蓝的海域，实践了生前的誓言，见证者我们中国民族海军的崛起！

走出"定远"，我们重新又迎上了刺骨的海风，心情久久不能平静。清王朝葬送了"北洋"，毁灭了"定远"。而思今日，经济发展迅猛，生活条件不断改善，生活水平不断提高，我们往往会沉浸于安逸的生活中，而忽视了来自周围的危机和挑战。一个人、一个民族、一个国家，任何时候都面临着挑战，挑战与机遇相伴而生。只有敢于迎接挑战、战胜挑战，才能把握和创造机遇，才能把握和创造未来。

历史的硝烟慢慢散去，站在这个挥洒着将士们爱国热情的战舰上，听着海风向我们诉说着"勿忘国耻，铭记历史"。面对国际上的挑战和机遇，我们必须要铭记这段历史，铭记自己肩负的责任和义务，提高自己的实力，少年智则国智，少年强则国强，少年雄于地球则国雄于地球。为了自己的祖国，为了中华民族可以豪迈地屹立于世界民族之林，不忘"定远"，居安思危。

登临悠悠刘公岛，壮哉拳拳爱国心

刘玲君

［山东大学（威海）商学院 2015 级金融学专业学生］

昔闻刘公岛风景绝美，实属人间仙境；神仙庇佑，堪称人杰地灵。今登之、临之、闻之、感之，方觉刘公岛之美在其人文底蕴之博大精深，在其文化传承之深远厚重。

文化脉枝多元，纵览风云变幻。赤子之心相承，凌云壮志未改。

始自东汉末年汉少帝之子刘民夫妇避难岛上，扶危济困、广施善行，刘公岛民就将这份仁侠好义的传统一脉相承。而今，登临刘公岛，仍可见那刘公、刘母的塑像护佑众生，仍可感受到那份侠肝义胆、铁骨铮铮。

登上刘公岛，林秀木美，鸟语花香，已不复当年断壁残垣。极目远眺，微波粼粼，白鸥翔集，平静的海面已嗅不到往日一丝硝烟。海水日复一日足以消磨战争的痕迹，而历史字字句句无法洗雪心头之痛。

曾经的水师学堂，沧海桑田间，已然沦为一方古迹。潮起潮落依旧，却是换了人间。曾经志在四方少年，渴望匡复海师、重振雄威，渴望保家卫国、壮我中原。但曾经的学子们恐怕不曾想到，自己的凌云壮志会化作黄海的一缕幽魂，自己的万丈豪情会被铮铮事实碾压得体无完肤。

“今日漫挥天下泪，有公足壮海军威。”国难当头，国运未卜；曾经一诺，此生必践。当日本的铁蹄肆虐华夏大地，当曾经自诩的“天朝上国”溃不成军，北洋水师毅然摘下顶戴花翎，穿上铁甲戎装。但早已习惯沙场征战、刀光剑影，怎敌他日本以海战相逼？降矣哉，终身夷狄；战矣哉，暴骨沙砾。孰降孰战？何去何从？

立于北洋水师提督署前，远眺所至，一片祥和，早不见往日金戈铁马、烽火狼烟。青龙军旗下，济远舰的大炮依然直指海天，丁汝昌的坐像气度超然、不减当年。耳边操练的口号铿锵依旧，眼前鏖战的雄姿坚毅如初。曾怀有凌云报国志，却无奈付诸水东流。可身为七尺男儿，能到死心如铁，马革裹尸，埋骨沙场，也堪称一种圆满。

曾经愿舍身报国的鸿鹄之志，却败给了铁面无私的现实。北洋水师全军覆没，洋务自强之路绝矣。空有一腔报国热血，难挽历史必败之局。积贫积弱的清政府，所腐之处在于根系，而根之所腐必致树之倾覆，怎需铁骑百万？蚍蜉蚍之力足矣。难以忘怀当战事告急，京城却依旧歌舞升平；箭在弦上，却不知所指何处。何其伤悲，呜呼哀哉！谶语曰："汉水茫茫，不统继统；南北不分，和衷与共。"大有杜牧笔下"商女不知亡国恨，隔江犹唱后庭花"的凄婉与无奈。纵清军拥兵百万雄师铁骑，难逃战败求和的噩梦。

烟尘滚滚，一叶知秋。却不知 1894 年的秋日是否也是这般阳光正好，微风不噪。只知甲午海战的惨败，使洋务运动 30 多年自强的梦想灰飞烟灭，使泱泱大国丧权辱国、破碎凋零，以此刘公岛踏上了孤寂落寞的游子之旅。"浮云终日行，游子久不至。"独在天涯怎不思乡，只恨那归路漫漫，比心长。

闻一多先生所谱的《七子之歌 · 威海卫》，听之动人心弦，思之令人扼腕，被殖民的苦楚更与何人说！"再让我看守着中华最古的海，这边岸上原有圣人的丘陵在。母亲，莫忘了我是防海的健将，我有一座刘公岛作我的盾牌。快救我回来呀，时期已经到了。"

梁任公曾慨叹："我支那四千年之大梦唤醒，始自甲午战败。"战败求和、割地赔款，这本丧权辱国、无颜面天下子民之事，在清政府眼中却好似探囊取物一般轻巧。"思厥先祖父，暴霜露，斩荆棘，以有尺寸之地。子孙视之不甚惜，举以予人，如弃草芥。今日割五城，明日割十城，然后得一夕安寝。"都说民心向背乃克敌制胜之关键，可清政府却将兵士性命视如草芥。"法重心骇，威尊命贱。"如若帝王视将如子，将领爱兵如已，穆穆棣棣，君臣之间，则吾恐日本食之而不能下咽也。

如果说圆明园的废墟给人的是繁华落尽、琉璃瓦碎的百转回肠，是诸行无常、朝存夕亡的憎恨失落,那么刘公岛上那些锈迹斑斑的一大炮,带给我们却是奋斗后失败的沉思,是沉思后觉醒的激励。它让我们意识到自己守了几千年的封建制度,老迈陈旧,在人类文明的画卷上早已成了褪色的一笔,无人问津。

亡羊补牢,为时未晚。救亡图存开辟新征程,励精图治不惧烽火狼烟,纵内心深明:前路凶险,路阻且长,长路漫漫却不知路向何方。但凡心所向,素履以往。生如逆旅,也要一苇以航。辛亥革命斩腐朽之根,全民抗战壮民族之魂。虽积贫积弱一息尚存,但千里之行始于足下,婴孩尚可蹒跚学步,壮哉我泱泱华夏,岂不立于世界之林!

郑和曾说:“欲国家富强,不可置海洋于不顾。”前车之鉴,借古明今。随着当今中国在世界上地位的崛起,我国的海防事业也发展稳步推进。壮大国之力以固疆土之边:大阅兵、海事军事演习壮我国军威,海陆空全面发展显大国风范。今日的海军是现代化的军队,是威风凛凛的虎狼之师,是所向披靡的铁甲兵。中华人民共和国成立以来,人民海军发展波澜壮阔、高歌奋进,装备建设步伐加速,海军实力发展空前。一大批新型高科技装备交付海军形成战斗力,导弹驱逐舰等高性能战斗武器作战力持续攀升。落后必然挨打,唯强国方为正道!

而我当今青年,虽不复当年需骑马飞扬、战场厮杀,但依旧需立鸿鹄之志、怀热忱之心,以壮大国之威。心怀天下之事,胸怀百川之广,以史为鉴,振我中华!

唯愿少年中国与天不老,愿中国少年与国无疆。

历史的潮流谁都不能违背。在世界各国发展工业的时候,清朝却还在奉行闭关锁国的国策,发展小农经济,这显然是行不通的。

历史的价值在于使人惊醒,我们在嗟叹的时候,也不能忘了从中吸取教训。百年之后我们不再生活在动乱之中,但是我们仍然生活在一个艰难的时代:国际竞争依然激烈,逆水行舟,不进则退。百年甲午,勿忘国耻。

观定远舰有感

孙敏敏

［山东大学(威海)商学院 2015 级金融学专业学生］

又一次怀着复杂的心情踏上这片土地，阴暗的天气与我们沉重的心情相互映照，肆虐的风以及斑驳的雨更给我们添加了几分悲怆。踏上这艘被誉为“亚洲第一舰”的定远舰，恍若跨越了时空，百年往事历历在目，崇拜与悲壮之情油然而生，这艘舰，是中国近代海军独特的象征，最终却在甲午战争中悲怆殉国，这是多么遗憾而又无可奈何啊！

“定远”号是历史上亚洲国家拥有的第一型主战军舰，舰长 94 米，宽 18 米，排水量 7670 吨，航速可达 14.5 节，以其强大的战斗力和生存力被誉为“亚洲第一舰”，并作为中国第一支近代海军舰队——北洋海军的舰队，这是何等的荣誉与风光！然而，外面的华丽终究是抵挡不住内心的糟败，甲午海战的惨败时隔几百年甚至几千年都会成为警醒中国人的警钟。清政府的自以为是、腐败无能以及顽固派的层层阻拦都使舰队遭受了沉重的打击，不管是炮弹的发射速度还是炮弹的炸药威力都与日本军队差之甚远，纵使将士们奋力抗敌以死卫国，但留着长辫子的清朝将士的孤军作战终究抵不过明治维新后迅猛发展的日本海军。甲午一战中清军损失惨重，因恐定远舰落入敌手不得不将其炸毁，舰长刘步蟾也追随自己的爱舰自杀殉国，实践了他生前“苟丧舰，必自裁”的誓言。

穿梭在这艘仿制的“定远舰”内，一边为船舰的壮丽而自豪，一边又为其结果而黯然神伤。这艘舰浓缩了中国海军发展的一段历史，有那个时代的中国人为了近代化付出的努力，也有中国海军曾经到达过的荣誉巅峰，更有外敌入侵时受困于腐朽政治而不能施展抱负的无奈，这艘舰聚集了近代人类高超的智慧，也凝聚了海军将士们奋力护国的热血，但也淋漓地显露出了中国近代工业发展的落后与空虚，反映了清朝政府的无能与软弱。

当我们知晓日本博物馆还收有大量“定远”号残骸时，屈辱与愤怒之情不禁强烈地迸发出来。定远舰劫后余生的舵轮被日军改成了咖啡桌，成为日本的国家文物，姊妹舰“镇远”的铁锚被摆放到冈山县吉备津福田海神社陈列至今，镇远舰的船钟曾放在神奈川的小田原高中内被用作上下课铃，甚至在 1973 年日本参议长访华时还特意向周总理提起，这是何等的屈辱与无奈！几百年前的屈辱一直延续至今，飘零的清政府为了维持它那已经岌岌可危的统治，不惜牺牲人民群众的广大利益来维护它那残存的脸面，然而那腐朽的官僚制度最终还是加速了那板上钉钉的结果。几百年前的屈辱也如一座警钟，那清亮的响声不断提醒着我们百年前那场惨败的战争，也激励着我们不断反省以免重蹈历史的覆辙。

参观完舱内踏上甲板，望着波浪滚滚的大海，仿佛一切都已逝去但同时又留在我们心中。历史不管是辉煌还是屈辱，都已经像流水一样渐渐流走淹没在历史的洪流当中，但是其中的精神和启示却是可以让我们记忆深刻的，那场战争留下的中国人民的自强不息的精神以及将士们的顽强斗争的品格，都永远印藏在我们心中。

历史早已远去，但我们要对历史怀有一颗敬重之心，以史为镜，不断发展完善自己，挑起国家赋予我们青少年的重任，不断发展创新，充实自己增加科学文化知识，提高自己各方面的素质。

江山起起伏伏，日月斗转星移。历史已离我们远去，战争的残印也日益销蚀，这艘舰屹立在这座城市的海边，似乎是承载了那个时代所有的荣光与黯淡，也许在我们看来有些许悲壮甚至带有几丝残忍，但也正是这样我们才尤能觉出历史的厚重以及时代赋予我们的责任感。甲午海战记载了清政府的腐败无能，但也映出了广大人民坚韧不屈的斗争精神。在如今这个不断竞争的时代，我们更应该保留这种高尚的民族气节，谨记“落后就要挨打”的典训，努力提高国际地位，在这个迅速发展的时代里不断前进，谋求和平与发展，在世界舞台上占有一席之地。

铭记甲午耻,践行复兴梦

韩 笑

[山东大学(威海)商学院2015级金融学专业学生]

浪花,依旧在岸边拍响;海风,依旧在吹拂耳旁;渡船,依旧在随波荡漾;炮台,依旧在山顶瞭望。甲午的硝烟虽已散去,但登上定远舰的一瞬,甲午战争的一幕幕活生生地呈现在眼前。每每想到那时的祖国,心中对祖国的爱与怜便如波涛般汹涌,使我下定决心一定要守护好我的母亲,决不让她再受一丝伤害!

甲午一役,北洋舰队全军覆没,签订丧权辱国的《马关条约》,清政府赔偿日本军费2亿两,加重了中国人民的负担,清政府的经济命脉被列强控制;割让台湾岛及所有附属岛屿、澎湖列岛和辽东半岛给日本,破坏了中国主权的完整,民族危机进一步加深;允许在华投资办厂,严重阻碍了中国民族资本主义的发展,半殖民地化程度大大加深。反观日本,甲午战争使其变成"暴发户",战争赔款2.3亿两库平银,而当时日本政府的年度财政收入只有8000万日元。日本利用这笔巨款,得到了迅速发展。

120多年过去了,一些日本右翼政客还在不断发出好战言论。在这种情况下,我们又怎能不牢记甲午战争的耻辱,深刻反思,加快中华民族伟大复兴的步伐呢?

不知道大家有没有想过,我们身处的中国,到底与我们是什么关系呢?首先,我们每个人与祖国既有情感上的依存,又有利益上的一致。张文木说:"傍大腕远不如傍国运。与民族共命运,与祖国共沉浮,人间正道。"中国是每个中华儿女的故乡,是每个炎黄子孙的母亲,每个人心底深处都存有一份无法割舍的乡土情结。国泰才能民安,唇亡便会齿寒。甲午战败,中华民族遭受前所未有的欺凌和屈辱,而中国人民也肩负了巨额的赔款,处于水深火热之中。可见,每个中华儿女与中国的利益都是息息相关的。再者,我们既在中国,便有责任与义务爱护这个家,保卫这个家。抗日烈士吉鸿昌临刑前还慷慨赋诗:“恨不抗日死,留作今日羞。国破尚如此,我何惜此头。”一国既处于世界各国之林,必然会有各种利益冲突和竞争,甚至会遭遇欺侮和侵略。若作为一个中国人却漠视国运,不思爱国,便是最大的不忠不义。

梁启超曾说:“唤起吾国千年之大梦,实自甲午一役始也。”每每看到这句话,我心中便隐隐作痛:为什么我们是被别人打破了美梦,而不是自己觉醒,自求强盛?再次翻开甲午战争那段历史:日本举国上下士气高昂,以赶超中国为奋斗目标,准备进行一场以“国运相赌”的战争;而中国呢,洋务运动初见成效,便开始得意轻敌。日本以国家财政收入的60%来发展海军、陆军,明治天皇每年从自己的宫廷经费中拨出30万元,补充造船费用;反观中国,慈禧太后为了准备她的六十寿宴,连北洋水师的枪炮弹药都停止购买,拿这些钱大修颐和园。看看这些,我们好像不得不承认,甲午战争中中国战败是一个必然。虽然说改革开放以来我国发生了翻天覆地的变化,用40年时间走过西方国家300年的发展之路。但我们绝不能再次沉睡在“天朝上国”的美梦中!“天下虽安,忘战必危。”其实就是警示我们应该时刻怀有忧患意识,居安思危。西方国家遏制我国发展的战略图谋是不会改变的,我们怎能不时刻警惕?

今日的黄海海面,貌似不会再出现100多年前的滚滚浓烟,不会再出现100多年前的冲天震响,但世界各国间的较量从未停止。当今世界,看不见硝烟的暗战,却甚于真刀真枪的战场,软实力的战争愈演愈烈。我们要把对祖国的热爱刻进我们的骨髓,要勇于承担祖国赋予我们的责任,不断提高自身的文化与道德素质,把自己梦想的追求融入“中国梦”的实现中,为中国的繁荣富强不断奋斗。

郁达夫在《怀鲁迅》一文中说:“没有伟大的人物出现的民族,是世界上最可怜的生物群;有了伟大人物而不知爱护、爱戴、崇仰的国家,是没有希望的奴隶之邦。”在和平时代,我们更不能忘记中华民族的英雄和先烈,他们是中华民族的脊梁。为了不让军舰落入日军之手，丁汝昌下令炸沉靖远舰和定远舰，“余决不弃报国之大义，今惟一死以尽臣职”，他坚守民族大义，拒降自杀。眼见刘公岛就要被攻占，刘步蟾许下“苟丧舰，将自裁”的誓言，在悲愤中自杀身亡。“此日漫挥天下泪，有公足壮海军威。”邓世昌毅然指挥致远舰全速撞向日本主力舰吉野号，壮烈殉国。“天地英雄气，千秋尚凛然。”一个有希望的民族不能没有英雄，一个有前途的国家不能没有先锋。我们要缅怀一切为中华民族和中国人民做出贡献的英雄和先烈们，追寻他们的精神，爱国，报国，实现中华民族伟大复兴的“中国梦”。

爱国，并不是一句虚无缥缈的口号。爱国，流淌在血液中，深印在灵魂里。我们要时刻记得忧国、救国和报国，争取做到像习近平主席所说的那样：有天下兴亡、匹夫有责的爱国情怀，有视死如归、宁死不屈的民族气节，有不畏强暴、血战到底的英雄气概，有百折不挠、坚忍不拔的必胜信念。

定远舰舵轮被改造为咖啡桌，现存日本长崎哥拉巴公园；定远舰舰钟，现存日本粟岛海员学校；镇远舰305毫米炮弹，现存日本“三笠”舰公园；刘步蟾被截去桌腿的办公桌，现存日本“定远馆”……这些都是中华民族耻辱的象征，我们又怎能忘记？甲午战争的惨痛教训，我们又怎能不深思？铭记甲午耻，践行复兴梦，中国的繁荣富强是我们每个人的责任！

望古之史,引今之思

陈卓沁
[山东大学(威海)法学院 2016 级法学专业学生]

一艘再现的 19 世纪铁甲巨舰,一座铭刻着民族不朽史诗的丰碑,一次体验中国海军文化的独特旅程。在这里,和祖先们的故事相会,和蓝色的历史交融。

蓝天应和海风,烈日曝晒甲板,意气风发的青年登上了历史的巨舰,历史点滴回忆凝成片段。仿佛时光穿梭,我们走进舱内,走进这段血泪交织的岁月。沧桑的画卷一点点向世人展开,耳边响起的是谁的哀鸣,谁的叹惋?一时的荣耀与光辉最终都沦为黑白照片、黄海遗骸,悲悲切切,惨惨戚戚,成为这段并不光荣的历史的见证者,艰难地画上一个不完满的句号。

我们剥开尘封的黄皮卷,探寻真实。1888 年,北洋海军在威海创军,购置德国的"定远"铁甲舰。这艘一度被誉为"亚洲第一"的庞然巨舰,曾是中国海军的图腾象征,率着舰队巡弋海疆,威名远播。鏖战于黄海波涛之上,热血雄风;消逝在甲午海战的风云中,荡气回肠。

定远舰,靠泊在威海港老港区,以一艘水上博物馆的姿态重现在世人眼前。刹那间犹如时空跨越,中国海军的光荣、悲壮、反思都一一浮现在眼前。瞻仰历史陈列,会让人深深感悟那场未尽的强国梦;登上厚实甲板,百年前的轰鸣仿佛仍然回荡在耳畔。

重建的"定远舰",外观与原舰别无二致。巨炮、鱼雷等武器装备也生动逼真,许多历史场景都予以真实再现。散落于日本的定远舰遗骸也历经百难汇聚于此。让人印象最深刻的,莫过于动态放映还原真实海战过程,灯光、背景、音乐、解说，都将我们拉入真实的场景中去，历史的回声在心口作响，共鸣愤慨，扼腕叹息。

然而我们观舰的目的是什么？难道只是想要我们一次次揭开过去民族的伤疤，感慨模糊血肉下的隐隐白骨，再重新盖棺定论，至此而已，结束了吗？更差者，敷衍了事走一过场，心中留不下一点印记，泛不起丝毫波澜，实属可悲。大学生，新的年轻一代，我想更多的是希望能在还原的场景、逼真的背景之下去回顾反思那段历史，一段惨痛得不忍细想的却不得不回忆铭记的历史。而回顾之后我们更应该关注的重点是什么，分析的关键是什么，在我看来，即是甲午海战失败的原因。

解放军海军副司令员丁一平将军说，纵观黄海海战的全过程，北洋舰队在海战打响不久即因提督丁汝昌负重伤而失去了统一指挥，除了在海战开始前丁汝昌下达的三条命令外，在长达近 5 个小时的激烈海战中，北洋舰队各舰实际上未接到任何战斗命令。海战战场相对独立，作战双方要在激烈的对抗中，高速机动，变换阵形，争取主动。没有一个精干、高效、应变、完善和有生命力的指挥机构是难以办到的。黄海海战中，北洋舰队没有建立完善的指挥机构，丁汝昌甚至连代理人也未指定，结果造成指挥瘫痪和各自为战。应当说，战役指挥的一系列失误是导致甲午战败的重要原因。

除却指挥者的谋略问题，技不如人确实不得不承认，那难道此次失败的责任只由这寥寥几人承担吗？更可悲、更可怕的是社会、时势在背后操纵的无形的手。

甲午海战开端于朝鲜，日本一直将其视为侵略中国的切入口。当朝鲜内战爆发时，日军打着“保护在朝侨民”的旗号，大举入侵，登陆仁川，后进占汉城。直到那时，清政府仍对一触即发的战争没有明确的判断，寄希望于中、日同时撤军。战场上没有先发制人，便是输在了起跑线上。直到日军将中国在朝部队围困于牙山时，才匆忙派兵从海上增援，但为时已晚。平壤战役惨败，遭受重大损失，战争刚刚开始就蒙上了失败的阴影。

朝鲜战场的失利虽然造成了一定的被动，但还没有影响全局。一味依靠外国调停，没有把立足点放在自身力量上来，是战争失败的外部原因。那时候，清政府如果能认清形势，坚定地投入反侵略战争，并采取正确的战略，一定能够挫败敌人的进攻。可惜中国最高统治者中掌实权的是主和派，李鸿章也坚决主张保和，致力于争取英、俄、德、法、美等国家的调停，但它们同样站在要加深中国殖民化程度，以攫取更大利益的立场上，显然依靠这几国来求和是不可能的。清政府对他国的期望值太高，过分依赖外交斡旋而疏于军事准备，既耽误军机又影响士气。一味求助于别人，乞哀求怜而放松自己放纵敌人。

弱国无外交，战争不相信眼泪，利益至上、弱肉强食的真理早已书写了几百年几千年，而当时的统治者却依旧看不明参不透。一些小国依附大国尚可在夹缝中谋求生存，但大国此路不通。庞大虚弱而麻木混沌的中国，如果不能自强自立，把反侵略战争的立足点放到自身力量上，就会成为任人宰割的"鱼肉"，"刀俎"会肆意地伸向你，最后分离肢解，落得一败涂地。

在中国近代的反侵略战争中，中日甲午战争可以说是规模最大、失败最惨、影响最深、后果最重、教训最多的一次战争。正因为如此，重新学习、研究这段历史，也最具现实意义。

然而甲午海战的历史逐渐沉寂，犹如泛黄的纸卷，岁月的风尘将那段血与泪的悲壮点点埋葬。时光用一个弧度翻过新的篇章，回越至 21 世纪。我更想要讲述评价的是，拥有那段历史烙印的当代人——我们的转变与进步。

古之定远舰，今之辽宁舰。这是中国人民解放军海军第一艘可以搭载固定翼飞机的航空母舰。国人欢欣雀跃，国威大振之余，不得不感叹历史总是惊人的相似。定远舰是从德国购置来的，如今的辽宁舰也有着类似的来源。

它的前身是苏联海军的库兹涅佐夫元帅级航空母舰次舰"瓦良格号"。20 世纪 80 年代中后期，"瓦良格号"于乌克兰建造时遭逢苏联解体，建造工程中断，后中国购买了"瓦良格号"，三年后抵达大连港。由中国海军继续建造改进，目标是对此艘未完成建造的航空母舰进行更改制造，并将其用于科研、实验及训练用途。2012 年 9 月 25 日，正式交付予中国人民解放军海军。2013 年 11 月，辽宁舰从青岛赴中国南海展开海上综合演练，期间中国海军以"辽宁号"航空母舰为主编组了大型远洋航空母舰战斗群。这是自"冷战"结束以来除美国海军外西太平洋地区最大的单国海上兵力集结演练，也标志着“辽宁号”航空母舰开始具备海上编队战斗群能力。

我国第一艘国产航母001A下水成功，也证明中国得以掌握了设计和建造大、中型航母的全套经验和技术，并且很有希望将超越俄罗斯、法国等海洋强国，拥有真正意义上的双航母战斗群。建造航母的难度，从印度、法国国产航母的艰难建造历程也得以印证。法国自行建造的“戴高乐”号航母从1989年铺设龙骨，直到1999年才正式成军，服役后的相当长时间里依然是故障不断。印度国产航母“维克兰特”号从2009年开工后进展缓慢，服役时间至今仍遥遥无期。

定远舰背后的未竟的海上强国梦，都在今日的中国，逐渐变强的中国，得以一步步实现。先人的遗憾的叹惋，都将被现世的振奋欢呼所掩盖。望古之史，引今之思。古人之史终究会一点点从我们的世界中远去，汇成一条路，一个长镜头，最终成一个焦点永远定格。而在这奔流不止的历史中前进的人们，在这新时代里安逸生活的人们，今人之思，永不会停止，也不应该停止。

甲午！甲午！

任欣悦
［山东大学(威海)翻译学院2016级英语专业学生］

东方有一片海，
海风吹来童年的梦，
天外有一只船，
请带我飘向那天边，
东方有一片海，
海风吹过五千年的梦，
天外有一只船，船一去，
飘来的都是泪，洒在海边。
再不愿见大海，
再不想看那只船，
却又回头向它走来，
却又回头向它走来，向它走来。

——《北洋水师》

伫立在定远舰前，我的思绪飞到硝烟弥漫的1894年……那静静安放的铁锚与炮管，仿佛定远舰无声的历史诉说。无数毅然矗立的身躯与北洋海军舰船融为一体，凝成20世纪中华百年建筑的经典；手中的望远镜，可曾望见烈烈战旗和熊熊燃烧的战舰；飞扬的战袍，撒满咸腥的海水和奋战的血汗。海洋强国，是你们毕生的追求与心中的呐喊！不沉战舰，是你们誓死的决心与铿锵的誓言。

远东海面，曾有过一支令人望而生畏的舰队，它的活动范围南到新加坡，北到海参崴，曾称霸西太平洋海面达10年之久。然而，弹指一挥间，甲午战争中北洋水师全军覆没。尽管北洋政府拥有蒸汽铁甲，但是要想使强大的武器发挥它的作用，必须通过人及其组织来实现。

陈旭麓先生说，“甲午”大败成中国之巨祸，中国的民族具有群体意义的觉醒自此而开始，这是近代百年的一个历史转折点。甲午海战，交战的一方是初步经历了洋务运动的清政府，另一方是初步完成了明治维新的日本。在中国传统思想中，日本不过是“蛮夷”的代名词，然而，战争的结果却令人大跌眼镜。其实，这并非偶然。甲午之败，腐败使然。当我们在海的这边歌颂帝王的伟大，一片歌舞升平、寻欢作乐的场景时，海的那一边早已摩拳擦掌，改革奋起。甲午战争的失败，充分暴露了近代中国的沉疴积弊。甲午战败，败在政体的衰朽落后，败在官吏的贪腐之风，更败在空乏的国防意识上。

知史可以鉴今，读史可以明志。一份份档案文献，一个个事实真相，生动描绘出一幅幅真切而惨痛的历史图景。我们有必要走进历史深处，唤醒民族记忆，激发人们勇于担当实现“中国梦”历史使命的责任。今天全面回望甲午战争，既有益于把握世界格局，又有益于并不断加强国防。严复《天演论》中有句话说得好：世间万物，优胜者生存。民族国家也如此，今中华民族若不奋起，必将为人类历史所淘汰。

思今日之中国，经济迅速发展，人民生活水平不断提高，实现中华民族伟大复兴之路看似一帆风顺，实则国内外存在诸多挑战。中国所面对的，是一个比以往任何时期都更为复杂、更为多元的世界。外有恐怖主义、信息泄露、核安全以及公共卫生等一系列威胁，内有经济下行压力、节能环保问题的压力。面对这些风险和挑战，我们需要清醒地认识到唯有不断改革，才能在世界处于领先地位，不被他人欺凌。现在中国需要“亮剑精神”，中国人从不缺乏忍让的精神，因为中国人向来崇尚和平。我们不仅需要和平主义的处事理念、韬光养晦的外交智慧，还需要具备果敢善战的血性气魄，唯有这样，中国才能在国际上处于不败之地。

我们反观甲午海战，不仅仅是简单地重温历史，总结教训。正如哈佛大学女孩许吉如在演讲中所说：梁启超先生在100多年前曾经说“今日之责任不在他人，而全在我少年，少年强则中国强”；100 多年后的今天，其实道理反过来是一样的，中国强则少年强，中国强则中国少年强。也应如习近平总书记所说：我们站立在 960 万平方公里的广袤土地上，吸吮着中华民族漫长奋斗积累的文化养分，拥有 13 亿中国人民聚合的磅礴之力，我们走自己的路，具有无比广阔的舞台，具有无比深厚的历史底蕴，具有无比强大的前进定力。中国人民应该有这个信心，每一个中国人都应该有这个信心。回顾甲午是为了忘记甲午，放心吧，祖国！有我们陪在您身边，再大的风雨也能从容度过！我们不能因为走得太远而忘记为什么出发。历史的使命落在我们的肩膀上，中华民族经历了太多的坎坷，我们从遥远的 1894 年走来，走过的路很长，让我们齐心协力，共同为实现中国梦而奋斗！人心齐，泰山移。我们每个人有责任去了解我们的国家的每一段历史，更有义务去热爱我们的国家，都应该承担起复兴中华的重任。

定远舰，这支被视作是“洋务运动”的得意之作，曾寄托着国人御敌海上的自强希望。可它最终留给历史的，却是无限的悲凉和愤恨。我望着眼前的这艘“亚洲之最”，不禁叹了一口气……

甲午甲午！日落威海，你身披铁血残阳！

今朝今朝！日出中国，你前途无限光亮！

勿忘国耻,警钟长鸣

陈杏垚

[山东大学(威海)商学院2016级金融学专业学生]

2018年5月24日上午10点开始,威海全市拉响防空防灾警报,全程持续20分钟。根据《中华人民共和国人民防空法》和威海市人民政府《关于在全市城市统一实施防空防灾警报试鸣制度的通知》,每年的5月24日(1898年5月24日英军强登威海卫之日)为威海市防空防灾警报试鸣日。

之前有很多人不清楚拉警报的原因。我很羞愧,因为我也是其中的一个。那天中午我在宿舍听到外边好像有警报声,有点纳闷,心想是不是幻听啊,看到朋友圈转发的“勿忘国耻,警钟长鸣”“英军强登威海卫”等鲜明的标题,我羞愧难当,又想起了那段历史……

是的,5月24日,是威海历史上曾经受尽屈辱的一天。1898年5月24日,英军强登威海卫并强行租占威海长达32年!

甲午战争后,列强掀起了瓜分中国的狂潮,山东首当其冲。德国侵占胶州湾不久,俄国租借旅顺口,使英国在远东的优势地位受到严重的挑战。为维持英、俄在华北的均势,英国政府决定占领威海卫。当时,威海卫还处在日本占领之下。根据《马关条约》,清政府偿清2亿两的军费后,日本将从威海卫撤离。英国政府决定先与日本交涉。1898年3月15日,英国将租借威海卫的意图通知日本。日本在甲午战争后需要英国支持,但又不愿意马上开罪俄国,只好模棱两可地表示:“日本政府希望中国能够保守这个港口,但当中国一旦无力保守的时候,日本不反对愿意帮助中国维护独立的国家取得这个港口。”英国当然明白日本答复的真实含义。3月28日,窦纳乐向总理衙门正式提出租借威海卫的要求，声称：俄国既租借旅大，英国为保护商务起见，“非租借山东之威海卫停泊兵轮，不足以资抵制”。在外交交涉的同时，英国调派10余艘军舰开至烟台海面示威。4月3日，清政府答应租借威海卫给英国。5月24日，英军在威海卫登陆。25日，英国海军提督在威海发表声明，声称自即日起两天内，“由英派员与清廷员绅会同点验接收……所有各处公房并炮台、码头、基址及日本移交各营房”，形成了未租先占的事实。6月12日，清政府提出了刘公岛东半部租英，西半部归中国的要求被英国拒绝。在强权的压力下，清政府被迫于7月1日同英国签订了《订租威海卫专条》。条约规定：东起大岚头，西至马山嘴，南至草庙子以内，除威海卫城以外的738.15平方公里土地为租借区。8月，中英双方代表在刘公岛西端的黄岛上举行了租借仪式。自此，威海卫成为英国租借地。

1898年5月24日下午1时30分，大批英军登上刘公岛之黄岛，英舰“水仙花”号舰长金霍尔和驻芝罘领事霍普金斯，同清政府办理威海卫事宜委员、山东候补严道洪和“复济”舰管带林颖启（原北洋舰队“威远”号管带）一起到达黄岛，共同举行交接仪式。在一块四边形的场地上，英军排列在三条边线上，中国水兵站在一条边线上，进行“升旗”、奏国歌仪式，这天恰是英国维多利亚女王生日，英军欢跃着并为女王高呼三声。事后中国水兵回忆说：“那一阵子，就像家里出大殡那样的难受。”

斗转星移，沧桑巨变！今天的中国已经成为世界上名副其实的大国，我们毫不畏惧任何的侵犯！但是，在安逸的生活中，我们仍然要勿忘国耻，砥砺前行！

请用心聆听那划破威海长空的声音！

昔日的回望，今日的前行

王晓辉

[山东大学(威海)法学院 2015 级法学专业学生]

华夏东南浪淼茫，几番风雨动国邦。
沙沉黄海重云黯，烟锁津门冷月长。
解恨还须从郑帅，振威何必慕燕王。
觅得百丈飞龙剑，斩破惊涛定远疆。

2017 年 4 月 26 日，在中国海军刚刚迎来她的 68 岁生日之后，我们听到了首艘国产航母下水的好消息！这是一个值得纪念的日子，记得美国前总统克林顿说过："航母就是国家政治的笔尖。"那么从今天起，中国国家政治的"笔尖"，将在世界政治舞台上，用我们自己的语言，书写属于我们中国人自己的壮美华章！

在船上，有国殇

翻开历史泛黄的画卷，我们还记得那号称"亚洲第一、世界第九"，清政府花费数百万两白银打造的北洋水师在甲午战争中被日本舰队击败，被迫签订丧权辱国的《马关条约》的画面，它像一把匕首，深深地插进中国大地；1993 年，美国指控中国"银河号"货轮向伊朗运输制造化学武器的原料，派出了 2 艘军舰和 5 架直升机强行对"银河号"进行检查，却没有发现任何化学武器；1995 年底到 1996 年，在短短半年内，美国航空母舰连续 6 次通过台湾海峡，在南海耀武扬威，对我国进行赤裸裸的威胁……令我记忆深刻的是刘华清老将军在美国航母上参观，却被美军以保密为由拒绝老将军触碰航母上的设施。为了航母梦，年逾六旬的老将军踮起脚尖，仔细地观摩航母舰载设备，像一个懵懂的学生，那眼神令我们心疼。

而这一切，就是因为我们海军力量还不够强大。

直挂云帆济沧海，而今迈步向深蓝

如今，拥有我国完全主权的首艘航母已经下水，“辽宁”舰也不再孤独。从最初的组装小炮艇，到今天的各类驱逐舰、潜艇、航母一应俱全。是的，我们的海军抱定自力更生的信念，从无到有，由弱到强，步履维艰，但仍坚韧地磨砺自己的剑，守卫国家的重任使她更快地成长。如今，她已经成为保卫国家的海上钢铁长城。刘华清将军，我想对您说，今日的海军，如您所愿。

今天，我们要尽情呐喊！我们站在蓝天下，手握一个时代的气息，衷心祝愿伟大祖国日益强盛，祝愿人民海军永远向前。我们的征途就是星辰大海！

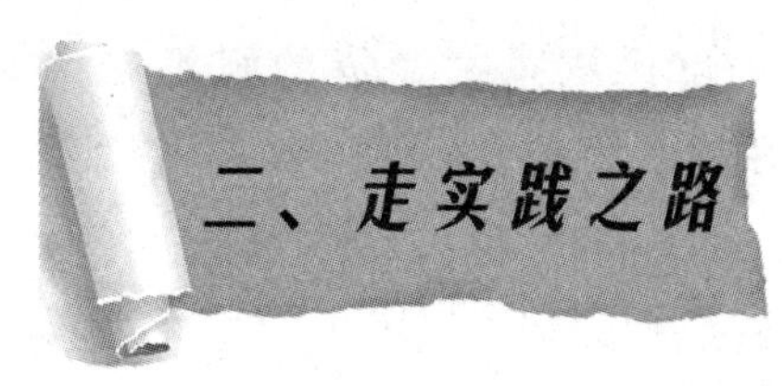

探盘谷创客，扬科创之帆

王婧怡

［山东大学(威海)商学院 2014 级金融学专业学生］

不曾想过会与“创客”有个邂逅，从最初的略有耳闻到后来的实地了解，对“她”的认识跨越了整个假期，真的很高兴能够了解这样一个团队，让我大开眼界，对这个世界有了崭新的憧憬与希冀。作为山东省创客调研团的队长，我知道自己将面临的挑战，也知道一旦战胜了这些挑战便会获得的令人欣喜的收获。

在“形势与政策”课上初次接触创客后，我便对创客产生了深深的兴趣，抱着想要一探究竟的心态，我找到了我的团队成员们。我们带着对创客空间的好奇与疑惑，一起利用假期时间去青岛盘谷创客空间找寻答案。

我们的前期工作主要是网络问卷的下发及整理，关于山东大学(威海)科创平台的信息整理，对国内外部分城市创客发展情况及思路进行学习以及社会实践地的联系、住宿安排等。

与实践地的联系，比我想象中要更轻松一些。我本以为作为一名大学生，想要采访高层领导，应该会遭到很多拒绝，但当我鼓起勇气打电话试试看的时候，发现青岛市高新区的职员们都很支持我们，耐心地告诉我该去哪个部门，然后给我留了他们领导的电话。我很感谢他们的帮助。在与领导直接联系的过程中，领导派了他的秘书——一位比我只大 4 岁的姐姐来帮助我们安排落实。姐姐的亲切带给我的感动自不用说。行程、酒店、路线、队服，在实践地确定之后也依次确定了下来。那原本看似缥缈的社会实践，真的在我们的努力下渐渐有了一个模型。

我们去了盘谷创客空间的红岛创业咖啡、蓝贝咖啡、明阅岛、贝克汇、萤伙虫创业工坊和中国 3D 打印创新中心等，同时重点采访了萤伙虫创业工坊负责人和高新区创业事业服务部处长刘玉龙，了解了众创空间的盈利模式、盘谷创客空间的发展方向、青岛市高新区与各高校合作模式及前景等问题。

实地采访的这 4 天很快就过去了，我们积累了录音稿、视频和大量精选的照片，这些资料都是我们回顾实践历程的重要凭借。作为个人，我很头疼写总结通讯，平常是因为没什么可说的，而这次是因为有太多想说的而不知道到底该如何下笔。但作为队长，我知道如果连我自己都理不清思路又怎能领导一个团队？所以我强迫自己开始整理，从前期我们的成果、采访稿等到中期我们的社会实践资料，每一份文件我都重新看过一遍，然后分类存在电脑和分享到我们团队的群里。“重点是录音”，我这样认为，所以给去青岛实践的队员们布置了每人写 2 篇通讯的任务，2 名没能参加实践的队员也有根据我们的资料写出 2 篇的任务。一开始，大家都抱怨不知道该怎么写，但每个人最后的成果都是很令人满意的。没去参加的同学通过上网搜集资料等，写出了一份份用语更专业的总结。

对于我们而言，一切都是崭新的，一切从头学起，一点点摸索怎么建立、管理微信公众号，怎么修改图片像素等。虽然有点烦琐，但心中还是充满了欣喜。在这短短的一次社会实践过程中，我真的坚持了下来，哪怕偶尔遇到挫折，也一直做了下来。我经历了很多，也收获了很多，战胜了那些挑战的我，变得更有信心，也更强。

张裕酒文化博物馆之行

阮晓妍

[山东大学(威海)机信学院 2014 级数媒专业学生]

在威海乍暖还寒的春日里,启程去感受一场酒香浓郁的文化之旅。车行数十里,阳光与树影交叠,满怀期待的心变得平稳而沉静。

踏入充满浪漫气息的酒文化博物馆,仿佛走进了一座古典城堡。热烈的阳光,温和的海洋性气候以及广阔的沙滩,促成了这座“国际葡萄酒城”。徘徊于馆内,百年的发展历史由讲解员向我们娓娓道来。大厅内的巨幅历史浮雕,向我们展示了张裕在各个不同时期的重大事件:这里有孙中山先生亲题的“品重醴泉”,有康有为赋诗“深情张裕葡萄酒”,以及张弼士先生创业时的种种情景……这些镌刻于此的历史,有坎坷心酸,也有欣喜繁荣,浸透着顶级解百纳(一种著名的葡萄酒)的苦涩芳香。

无论是历史发展,还是工艺酿造,在这些艺术的长廊里,我们感受着世界以及中国的葡萄酿造的文化。从手工的葡萄种植技术,到半手工半机械化的葡萄破碎和装桶酿造,张裕酿酒技术的每一次改善都是一次先人的不懈探索。人类智慧的创造力令人赞叹不已。

最令人激动兴奋的就是参观博物馆的地下酒窖了。回环旋转的石梯阶阶向下,延伸入地,昏黄的灯光、阴冷的石墙和着扑鼻的酒香。根据讲解,张裕的百年大酒窖乃是亚洲第一大酒窖,从其破土动工至建成竣工经三次改建,历时 11 年之久,被誉为中外建筑史上的奇迹。不计其数的珍藏葡萄酒陈列于此,林林总总的橡木桶更是数不胜数,大青石板纵横交错,八大窖洞回环曲折。跟随讲解员的脚步,我们转入整齐排列着橡木桶的窖洞之中,排列在前的木桶很大,微微凸起的桶面,色泽暗沉的桶身,向我们展现它的古朴身世。再向里走,赫然映入眼帘三只巨大无比的橡木桶,原来这就是张裕百年的“桶王”。桶王可存酒 15 吨之多,可供一个成年人从 20 岁一直喝到 100 岁!这三只与地窖同龄的橡木桶可谓是见证张裕发展的活化石!除此之外,讲解员还向我们介绍了为什么要用橡木桶存酒,以及橡木的选择:原来用橡木做的桶,酒液不外渗,通气性又好,能够使葡萄酒充分呼吸,其自身独特的香气也给酒液增添了不同的感受。

最后,在品酒课堂上,讲解员再次带领着我们一起学习了许多相关的小知识,让我获益匪浅。观其色,分辨葡萄酒的四大品种:干红、干白、香槟和白兰地。分其杯,不同种类、造型各异的高脚杯各司其职。论食物搭配,红酒配红肉,白酒配白肉(海鲜)。从各式样的开瓶器到肚大憨状的醒酒器,品酒的一番情趣和韵味令人回味无穷。

通过此次参观张裕酒文化博物馆,感受醇香酒气,也感受文化的熏陶。最适宜的品酒温度,最佳的口感,任何事情做到精致都将成为一种艺术文化。企业的发展,民族的复兴,积少成多,我们每个人都有创造、改变生活的能力。满怀感动与敬佩之心,我将勇敢前行。

品味时间的醇香

韩尚锦

[山东大学(威海)机信学院2014级数媒专业学生]

在老师的带领下,经过一个多小时的路程,我们来到了位于烟台的张裕酒文化博物馆。走下车,一座古朴的建筑映入眼帘,门前是喷泉和雕塑,踏在石阶上,让人感觉仿如置身异国街头,别有风情。走进博物馆,沉淀了几十年的酒香仿佛被揉进空气里,扑面而来,还未饮酒,却已沉醉。

在讲解员的带领下,我们首先了解了张裕公司的创始历程。1892年,“张裕酿酒公司”由张弼士先生投资建立,中国的葡萄酒产业兹此伊始。展厅里陈列着孙中山先生亲手所题的“品重醴泉”,以及康有为等知名人士的赞美题词。这些手迹透过百年历史,细细诉说着张裕的成长与发展。走在展厅中,好似时光旅行,神秘而亲切。展厅中还摆放着一个个小巧的人物模型,讲述着酿酒的整个流程。通过讲解员的讲解,我了解了不同种类的葡萄酒以及它们的酿造方法。让我印象最深刻的是冰酒,它是利用在树上自然冰冻的葡萄酿造的葡萄酒,需要在零下8度的条件下连夜采摘并加工,且产量极低。我不禁感慨,小小的一瓶酒,却不知凝聚了多少人的劳动与心血。还有一个展厅里摆满了张裕公司所获得的大大小小的荣誉。这些奖杯和奖牌见证着张裕的沧桑变迁,灿烂而悠长,散发着历史的香气。

紧接着,我们走下旋梯来到了地下酒窖,醇厚的酒香顿时萦绕,哪怕是不喜饮酒之人也会心生向往吧。酒窖的两侧是摆放得整整齐齐的木桶,这些木桶全部由橡木所制,最有利于酒的储存。走在酒窖中,我仿佛能感受到美酒正在酝酿自己的芳香,让人不知不觉地放轻了脚步,害怕惊扰了它们甜美的梦。酒窖的尽头是3只巨大的木桶,每一只木桶里可存酒150吨之多。震惊之余,我恍然间体悟到,酒就像人一样,经历了时间的酿造才会愈发芬芳。反之,人就像酒一样,经历了时光的雕琢才会愈发醇厚。

走出酒窖,我们来到了展播厅。解说员以PPT的形式向我们介绍了许多有关葡萄酒的知识。例如葡萄酒的种类、葡萄酒的年份、酒杯的使用、起瓶器的使用,以及不同种类葡萄酒搭配的食物等。这些知识十分实用,让我们对葡萄酒有了更加专业的了解。此外,解说员设置了有奖问答环节,生动有趣,同学们都争相回答,场面很是热烈。

经过一系列参观,我们收获颇丰。中国葡萄酒产业的起步并不算早,却能经得起历史浪潮的洗礼而历久弥新,这背后不知道有多少代人默默的付出与辛劳。我钦佩张弼士先生“实业兴邦,洋务兴邦”的先进理念,在那个动乱的时代,能够沉下心来思考,以变革求发展,显得尤为难得。中华民族曾经历黑暗与混沌,一度远远落后于别国,正是由于像张弼士先生一样的仁人志士在各个领域不屈不挠的艰苦努力,我们才终于走出了历史的泥淖。这种不屈不挠的意志深深地融于我们中华儿女的血液中,是我们生生不息的力量源泉。

此外,通过了解张裕公司的发展历程,我能感受到张裕公司从未停止过创新的脚步。我相信,张裕公司的成功一定离不开它不断创新的步伐。一个企业是如此,那么一个国家亦是如此。在当今严峻的国际形势之下,想要让我巍巍中华在大国之中屹立不倒,当然离不开创新。如何完成从“中国制造”到“中国创造”的转型,已是我们谈论多年的话题。我想,我们可以从张裕公司的发展中寻找出一些答案。

酒香蔓延齿间,荡漾心间。这一次酒庄的游览,不仅是品味美酒的甘甜,更是品尝历史的醇厚,品尝时间的醇香。

威震四方,海内无双

於晓燕

[山东大学(威海)商学院2016级保险专业学生]

昆嵛山势削芙蓉,萝蔓崩崖倒挂松。
一气灵钟三百里,半天云拥万千峰。
仙人已去留余迹,古寺难寻但听钟。
安得悠悠谢尘网,轩轩霞里驾苍龙。

——曹贤《昆嵛山》

初次来到威海的人,似乎一下车,鼻尖就萦绕着一股独属于威海的清新,只是单单的空气,就察觉出一份不同于现代生活的安宁。猛吸一口这份原始的自然之气,放眼整个地铁站,威海似乎没有特别高大的建筑,入目皆是平整洁净的房屋,街道不是简单的直线或是方块,而是依着地形,小小的波纹般的扭动,形成了海滨城市独有的浪漫。傍晚时分,夕阳将余晖洒落在海面,海波携着那一颗颗金色的宝石撺掇着往海滩上涌,又在海鸥的呼唤中不甘似的退回。信手拾起海浪遗失的电话贝,放在耳边,听清海边的呢喃,而身后,是浅浅的脚印,慢慢被海浪顽皮地抹平,前方是无涯的大海,茫茫一片,只有海水和不愿离去的夕阳,恍然间才发现,自己早已经忘却是是非非,心中只留有一片如海般的清明。观海,似乎都能让人忘却了烦恼,可是威海的海,又似乎带这些什么不同。见识过钱塘江海潮的气势汹汹,感受过北戴河的深邃汹涌,也享受过杨梅坑的温柔深情,可威海的海,总是带着一股子幽深肃穆,不轻佻,也不死沉,当你静静坐在她身边时,她似乎愿意与你分享她的故事。

威海的历史相当悠久，据境内古文化遗址出土文物考证，早在新石器时代，就有人类在此生息繁衍，而后在这片土地上，迎来了一个又一个朝代的更迭变迁，见证了成王败寇的历史选择，也体验了平平淡淡的百姓生活。直到清代，随着一声振聋发聩的炮击打破了统治者虚幻的和平遮幕，威海卫一战更是直接被欺负到家门口。威海在呜咽着托起葬身海底的英雄的高尚灵魂，后又在枪炮的胁迫下，被英国侵略者强占。或许就是这样的历史，造就了威海不一般的沉稳肃穆，她的身躯之上虽然有过敌寇的践踏，可是灵魂永远保持着至高无上的纯净，又凭着几千年的历史观感，在新的局势下孕育新的革命力量，最终驱除敌寇，傲然挺立。她也曾呜咽，也曾低语，也曾轻笑，却终是带着最虔诚的敬意和爱意，守护一方的子民。

新的时代，威海不再是单纯的小乡镇，城市化的进程终是不可避免，可是这座城市，丝毫不见过度发展的喧嚣和超脱自然的傲慢。她紧紧地依着大自然之力，依着那庄严的山，傍着那沉稳的海，紧跟时代的步伐，在不伤害生态的前提下，迅速发展经济。风景秀丽，生活富饶，成为名副其实的最适合人类居住的城市。在优良的大环境下，威海经济整体平稳，就业形势也是在稳定中发展，全市单位在岗人数得到提升。在维系在岗人数的前提下，威海还通过种种强而有力的手段实现了再就业，尽量减少失业人数，在政府的调控下，积极发展经济，取得良好成果。威海的经济水平提升也带动了市场价格的上升。市场价格的上升又在一定程度上促进了市民的消费价格总指数有所提升。这些提升体现在很多方面，食品、衣着等等。这些都有着不同程度的提升。作为重要的对外开放城市，其中，支持威海经济发展的对外贸易也是重要的支柱，成为经济增长的主要力量。威海的全年进出口贸易总额每年都在平稳地增长，这得益于威海的积极经济政策。不断完善出口结构，使得加工贸易出口行业也得到非常稳定的上升。同时，威海市招商引资具有非常明显的效果，都获得了不同程度的上升。

威震四方，海内无双，壮哉我大威海！

关于成长的一些随感杂记

杨纪元

[山东大学(威海)商学院 2016 级会计学专业学生]

时隔多年,我又重访科技馆,此次周末社会实践令我有些感慨。小时候一进科技馆,就会快步跑向聚集小朋友最多的那个项目,拉着好朋友左摸摸右看看,心急如焚地排着队等待轮到自己亲身体验的机会。那时候还不知道这些实验的原理是什么,只是看着声光电交错纵横,觉得又有趣又新奇。科学的门扉徐徐洞开,而我那时不过是个在门槛外观望的小女孩。随着年龄的增长,我翻过一套一套的书,渐渐知道了静电产生的原因;放电实验只是看起来可怕其实并没有危险;人体的运转方式不再是令人着迷的神秘过程,反而成为必背的令人头疼的知识点。高中一心扎在文科里,离自然科学好像越发远了,对政、史、地倒背如流的同时总感觉缺了些什么。这次去科技馆,看着那些很有年代感的小实验和跑来跑去活力四射的小朋友们,心里突然腾升而上一种怅然:原来不知不觉自己已经长大了。

我没有用"变老"这个有些自嘲的词语。毕竟我觉得在这个年龄,远谈不上青春年华的逝去,相反,现在正是能潜下心来读书做事的年纪。学校的风景甚美,有种能让人安定的魔力。背山面水,兼具青葱和蔚蓝两种极富生机的色彩,日落时分暮云二三,海风徐徐,夕阳一沉而下潜入水中,海面上橙光曳曳,不时漾起金色的涟漪。威海并不是一个十分繁华的城市,因而在天色昏暗之时,它也跟着进入了睡眠,而不是仍旧保持白天的熙熙攘攘。路上的行人低声细语,仿佛害怕惊醒这座城枕着涛声的美妙梦境。比起北上广的夜晚,威海是个能让人产生安定感的地方。黄昏时找个教室坐下,阳光斜照进来,一些细尘在空气里跳动,身边的同学埋着头奋笔疾书,窗外偶然掠过一只灰色的小鸟。我能从这个场景中感受到一种奇妙的魔力,似乎不用为任何事着急,也不用匆匆来去。捧着书的时间仿佛是静止的,只要书本没有翻完,钟表的滴答声就不再会响起。在这样明丽的校园里,我不知不觉也已经度过将近一年半的时光了。想到所谓的"象牙塔论",突然感觉这种说法也有那么几分道理。色彩瑰丽的校园里,被红的枫、黄的杏、蓝的天、绿的树簇拥的我,无时无刻不在享受纯粹的好时光。大学阶段尚不用操心自己的生计,也还没有工作的压力,和同学在一起三五成群,意气风发、畅所欲言,的确是千金难换的自由和快乐。但在我看来,这并不是把大学称之为"象牙塔"的理由。

我没有哪一刻比此时更加深刻地感到对未来的迷茫和困惑。父母的怀抱不是永远的避风港,无论时间长短,我们终将沿着人生的道路独自前行。我准备好承受未来的挫折和考验了吗?我掌握了工作岗位要求的技能了吗?我学会了为人处世的道理了吗?每多问一个问题,就好像给未来多增加了一份不确定性。长大不再是令人羡慕的话题,而是大家避而不谈的缄默。生日不再重要,年龄也成了一个不愿意反复提起的数字。吹掉蛋糕上的蜡烛就意味着离应该承担的责任又近了一步。许多人抗拒这个从被保护者到保护者的过程。诚然,如果长大意味着抛弃初心,那我们都不愿意长大。

可是我认为事实恰恰相反。成长并不意味着抛弃原则,带着虚伪的面具曲意逢迎,也不意味着为争夺一己私利变得势利和市侩。成长代表更加成熟和理智,有更强大的知识和修养作为支撑去实现自己的理想,在人生的道路上昂首高歌、徐徐前行,高举心中的火炬,把光热传递给身边更多的人。成长并不意味着向生活中的晦暗妥协,而是一个持续不断地点亮晦暗、征服晦暗的过程。

我始终坚信,有比利益乃至比生命更重要的东西存在,正是它点亮了我们心中的光明。然而光明总是有限的,稍不注意,这宝贵的火种就可能熄灭,只留下一缕消散后的青烟,因此需要一代一代的追随者用初心使这火种壮大,在薪火相传间照亮更广阔的前路。我并没有资格宣称自己是擎火之人,但我会尽力保存心中的火种,起码在我的人生未完之前,不致让这点光亮陷入昏暗的泥潭。

“塑战速决”，你我都是行动者

王轲正

［山东大学（威海）商学院 2017 级金融学专业学生］

1972 年 6 月 5～16 日，联合国在瑞典首都斯德哥尔摩召开了人类环境会议。这是人类历史上第一次在全世界范围内研究保护人类环境的会议。会议建议将大会开幕日这天作为“世界环境日”。1972 年 10 月，第 27 届联大正式确立每年 6 月 5 日为“世界环境日”。联合国环境规划署每年 6 月 5 日选择一个成员国举行“世界环境日”纪念活动，发表《环境现状的年度报告书》及表彰“全球 500 佳”，并根据当年的世界主要环境问题及环境热点，有针对性地确定“世界环境日”主题，总称“世界环境保护日”。中国亦跟随联合国的脚步，每年以世界主题为基础制定世界环境日的中国主题。

以下是过去四年世界环境日的世界主题及中国主题：

2014 年，世界主题：提高你的呼声，而不是海平面（Raise your voice not the sea level）。中国主题：向污染宣战。

2015 年，世界主题：可持续消费和生产。中国主题：践行绿色生活。

2016 年，世界主题：为生命呐喊。中国主题：改善环境质量，推动绿色发展。

2017 年，世界主题：人与自然，相联相生（Connecting people to nature）。中国主题：绿水青山就是金山银山。

2018 年，世界主题：塑战速决（Beat plastic pollution）。中国主题：美丽中国，我是行动者。这次主题的公布反映了当前世界面临的塑料污染问题已经不可小觑。那么，塑料对环境的危害究竟有多大呢？

塑料垃圾对于我们而言,不仅仅会带来"视觉污染",更会凭借其易携带病菌的特性传播疾病等。它对海洋造成的伤害更是超出了我们的想象。就在前几日,世界性杂志《国家地理》在官网上发布了一个活动,引起了巨大反响。这个活动的主题名为"Planet or Plastic"(地球还是塑料),与该杂志6月刊同名。封面中是一只漂浮在海中的巨大塑料袋,仅有一角在海面之上,取意为人类目前看到的海洋塑料污染仅仅是冰山一角。当大家看到里面的具体内容后,无一不被其震撼:人类产生的大量塑料垃圾有的被送往填埋场,有的则直接进入海洋,每年都会导致上百万只海鸟、10万头海洋哺乳动物、难以计数的鱼类死亡。而因为塑料垃圾容易被海洋动物误食,人们食用鱼类等海鲜,最终塑料会遗留在人体中,因此,环境被污染的最终结果还是作用在我们人类身上。

所幸,当下世界各国已经意识到塑料污染的严峻性,积极实行各种抑制塑料袋生产流通的政策:美国旧金山全面封杀塑料袋,严禁任何超市使用塑料袋,一经发现便会处以巨额罚款;意大利政府对塑料生产商实行"课税法",征以重税;爱尔兰则实行塑料袋税,借此"惩罚"顾客以减少塑料袋的需求……

中国早在2007年12月31日便发布了《关于限制生产销售使用塑料袋的通知》,自2008年6月1日起在全国范围内禁止生产销售使用厚度小于0.025毫米的塑料袋。而且就在2018年年初,国家发改委网站发布了《我为塑料垃圾污染防治建言献策》,邀请社会各界围绕不同领域塑料制品的管理要求提出意见建议。这些举措无一不反映了当下我国在习近平总书记"良好生态环境是最普惠的民生福祉"和"实行最严格的生态环境保护制度"的号召下,为改善世界环境而做出的努力。

对个人而言,我们也可以在保护环境减少塑料垃圾方面发挥重要作用。如在日常生活中,我们外出吃饭尽量不用一次性饭盒;出去购物时,自己备好布袋以减少塑料袋的使用;如果必须使用塑料袋,我们一定不能将其随手丢弃……

我们有理由相信:在我们的共同努力下,积少成多,定能减缓乃至解决塑料污染的问题,还地球原来的模样,为我们的后代留下无尽的绿色财富。

从“命运共同体”理念看上合峰会“上海精神”

鲁书伶
［山东大学(威海)商学院 2016 级会计专业学生］

自 2001 年 6 月成立以来，上海合作组织不断发展壮大。从最初的“上海五国”到如今世界上幅员最广、人口最多的区域性国际组织，成员间命运与共、团结互信的友好关系不断巩固，合作领域不断拓展……在国际风云变幻的情势下，是什么让这个在成立之初被攻击为“新的对抗性同盟”的组织取得如此令人瞩目的成果？答案必然是多方面的，但必不可少的一定是它的组织之魂、凝聚之源、合作之基——“上海精神”。

“上海精神”只有短短 20 个字，却凝练了组织发展的重要理念，成为组织活动的重要精神指引。正如习近平总书记在会议中讲的：“互信、互利、平等、协商、尊重多样文明、谋求共同发展的‘上海精神’已经成为上海合作组织赖以生存发展的根基。”如今，世界的目光再次聚焦在中国。从上海到青岛，站在新的发展方位和历史起点，与命运共同体思想一脉相承的“上海精神”将在这个新的海陆交汇之地，成为巩固和拓展命运共同体生生不息的力量源泉。

“上海精神”之力，见于地区安全维护。上合组织缘起于解决边界问题，以打击“三股势力”作为组织使命，现已构建了多层次、宽领域和富有成效的安全合作机制，成立了专门的反恐机构。从 2002 年到 2017 年一共举行了 14 次联合反恐军事演习。成员国在“上海精神”理念下，不断积累政治互信、深化安全合作，不仅维护了我国西北地区的稳定，也为中亚各国带来可靠安全保障。但是,新一届的上合组织的安全合作仍然面临严峻威胁和挑战。印巴加入,单边主义抬头,困难重重。在此形势下,正需要互信、互利的理念,巩固共促团结的共识,推动各国互谅互让,谋求共同利益,制定共筑安全的举措。

"上海精神"之力,见于地区经济合作。成员国大多集中在丝绸之路沿线,在平等协商和共同发展理念激励下,沿线各国打造共商、共建、共享的"一带一路"朋友圈。于是,一批批"中国制造"在丝绸之路上流动,互利共赢的合作以此为中心不断向外延伸,惠及更广泛的国家和人民。如今贸易保护主义抬头、逆全球化趋势显现的情况下,更需要坚持互利共赢、共同发展的"上海精神",为持续谋发展促合作注入新动力。

"上海精神"之力,见于地区文明互鉴。各成员国经济社会发展水平不同、历史文化背景各异,社会制度意识形态有差别,加之新鲜血液的不断加入,实现各国合作迫切需要人文精神纽带来弥合文明差异。尊重多样文明的"上海精神"就是这样的黏合剂,求同存异,美美与共,体现中国文明极大的包容性和极强的共同体意识。各国文明在交流中传播,增进理解,迸发出蓬勃的生机和活力。

"上海精神"之力,源于符合时代发展潮流和人民的根本利益。它树立了新型国际关系的典范,推动地区命运共同体的构建。我想,"上海精神"的影响不局限于此。它体现命运共同体思想,强调的不仅仅是本地区的共同利益,更高目标是连结世界各国利益,实现和平友好关系下的共同发展。所以,青岛上合峰会的"上海精神"将注入新的时代精神,同新时代中国特色大国外交理念相互辉映、相互促进,为世界地区合作提供借鉴和示范,筑牢共同发展的基础,拓展携手发展的空间,推动人类命运共同体建成,造福世界人民。

"没有谁是一座孤岛,在大海里独踞;每个人都像一块小小的泥土,连接成整个陆地。"同样,实践和历史都证明,同处于一个命运共同体内,没有一国可以自行其是、自给自足,国与国之间同呼吸、共命运。

始终秉持"上海精神",是推动上合峰会顺利开展的精神保证,也是对命运共同体思想的自信与承续!

阅读悦心约未来

徐　妍　李子彧　王宇哲

[山东大学(威海)数学与统计学院2014级统计专业学生]

又是一年开学季,很多"熊孩子"还处在假期失控状态,问题一箩筐:寒假作业没写完,作息时间紊乱,兴奋的情绪难以平复……但书商们可不管那么多,他们早已将学生辅导书、练习册等书籍集中摆放在最显眼的位置,吸引顾客购买。整个书店里数教辅区人流量最多,咨询的人也最多,一些热门的教辅图书由于太畅销甚至已经断货。

其实这种现象已经不足为奇了。现在社会竞争压力这么大,我们从小就面临着升学压力,小学高年级时忙着升初中,初中忙着升高中,高中更要为了上大学努力,上各种补习班,根本没时间看课外书。在很多孩子的记忆中,认认真真从头读到尾的课外书,大概也就只有小学时读过的《安徒生童话》和《格林童话》了。如今孩子们的时间都被各种辅导班、应试训练占据着,时间如果像海绵里的水,那么挤出来的水也被用来安排学钢琴、学画画、学舞蹈、学围棋了。

可以说现在的孩子是一个很忙碌的群体,他们不仅要应付学校里的文化知识,还要用剩余的时间去学习各种美其名曰能给他们将来打好基础的技能。如果在这种现状下,让孩子们去看书,那么估计他们也只会说"我现在功课这么忙,语数英全是主科,课本我还看不过来呢,别让我看书了,没有时间!"

一些调查显示,中小学生完成作业后,阅读课外书的比例不到50%,他们主要阅读的是作文书、教辅书和课本。我们不禁担忧:现在十八般武艺在身的孩子们,是否真的更加强大了呢?

一个不读书的人是一个缺少精神力量的人,即使他拥有了很多特长,有了十八般武艺傍身,但仍旧不能改变这是孤独的强大的事实。儿童期就是文学期,阅读是一种对儿童天性的唤醒,好的教育要与儿童天性相结合。如果孩子们小时候就缺少阅读完整图书的能力,那么他长大后可能会缺乏对整体事物、整个团队的操控能力。这个问题是不可忽视的。另外,这些家长们对辅导书的热衷,一定程度上给孩子们灌输了功利化读书的概念,让孩子们从小就为功利而读书,很显然,这并不是值得提倡的事情。显而易见,在读书这件事上,家长的做法带有一些功利色彩。而我认为只有低压迫的阅读才能让孩子享受到阅读本身带来的快乐。

如今很多成人的阅读也总是与功利性脱不开关系,读书不是为对知识的渴求和探索,反而是为了更好地获得名利。甚至就很多大学生而言,只关注专业书籍,忽视其他的文化底蕴,单纯地把书当作工具,而不是精神养料,这就是一种功利化读书的表现。

《人民日报》新浪微博曾发布一条微博,以图片的形式告诉大家北大、复旦等高校图书馆的图书借阅排行,引起了网友的热议。而评论的焦点大多集中在了复旦大学的那份榜单上。在这份书单上面,几乎都是专业知识方面的书籍。网友们对此纷纷调侃道:复旦学生如此好学,来日必成“国之栋梁”,复旦文科学子也对理工科学霸们致以崇高的敬意。

我们必须承认压力是一直存在的,就算我们上了大学,压力也没有消失,甚至可以说是更大了。大学生整天要为了考试而忙碌,比如英语四六级、各种从业资格证。等到步入职场更要为升职忙碌,就像前几年大热的《杜拉拉升职记》,其实就是白领们的一个真实写照。对现在很多大学生来说,很难静下心去读一本真正的好书。就算有时间也可能只为了放松做一些轻阅读。

我并不反对轻阅读,毕竟它在一定的程度上让我们的身心得到了放松。但如果一味轻阅读,而不重视那些具有很强思想性的文学书籍,就得不偿失了。在亚马逊中国 2015 年“阅读城市榜”中,北上广等一线城市未曾上榜便是因为如今快节奏的生活方式和居高不下的工作压力。而正是因为这个原因，人们越来越忽视那些可以丰富我们的精神世界但在专业技能上或许并无帮助的书籍。即使有时间，人们更多的也是为了升职加薪而选择功利性阅读。亚马逊中国还以图书品类总结出每个城市的阅读“气质”。比如苏州读者喜爱经济管理类书籍，济南读者买得最多的是英语等级考试教辅。大致一看，书的种类还真是各不相同，但关注一下这些书籍的特点，我们可以发现最受欢迎的还是那些能让我们得以迅速提升的书籍。由此可见，功利性读书已经成为很多人的共识。

正是因为这样，一些作者、出版商还有书商才利用了现在读者的心理，为了迎合读者的口味大量出版售卖一些关于成功学或者养生学、心灵鸡汤之类的书籍。这也可以解释为什么我们现在一进书店首先映入眼帘的就是这些书的原因了。

在我看来，这就是现在图书出版商业化的一种表现。读者的喜好已经成为现在图书出版界的金科玉律。这也就衍生出了现在我们大家所熟知的作家富豪榜。作家海岩说过，“作家‘富豪榜’不靠谱”。因为它透露出文坛繁华背后的“铜臭味”。现在我们的图书市场，大有“只谈销量不谈质量，只谈文艺不谈文学”的趋势。

或许会有人问：中国文坛是不是没有希望了，是不是陷入泥潭拔不出来了呢？

并非如此！孔夫子也曾感叹西周制度因诸侯征战日渐崩坏，人心不古，世风日下。但正是因为有孔夫子这样有勇气有担当的人，中国文学一次又一次地挺过了断层的危险，成就五千年文化泱泱中华。而我们的生活中也不乏这样的人。近年来，一家名为青番茄的公司正在着手实践阅读的一切可能。他们在 2013 年启动的“IN LIBRARY”咖啡图书馆计划，通过将咖啡馆等城市空间与图书馆相结合的方式，建立城市小型图书馆。如今“IN LIBRARY”咖啡图书馆已经悄然覆盖了包括北上广在内的 65 个城市。一杯咖啡配上一本书，是一种不错的享受，现在我们已经感受到了它所传达出的正能量。在这里我也希望有更多像他们这样的人，让全民阅读的梦想成为可能。

我记得有一本书，名字是《圣天门口》，它的作者刘醒龙先生写这本书用了六年时间，三次易稿，低调出版。在今天，很少有人像他这样，如此安静地推出百万字的长篇了。其实真正的文学，不是靠炒作生存的，而在于它的内涵与底蕴。在如今这个时代，我们更需要的就是像刘醒龙先生这样体察现实、潜心创作的作家。

我们需要这样的作品——富于艺术灵性、有人世间的冷暖、有人类的道义和情感的作品，抛却了功利性与商业性、让我们的思想得以碰撞的书籍。我们更应该让这种美好的阅读成为读者们生活里的一抹阳光，用阅读的纯粹给他们带来心灵的愉悦。

优秀的作品就像为我们的生命点亮了一盏灯，让我们的生活有了完美的心情，这让我想到斯蒂文森的一首诗《点灯的人》。我想我们当代的作家也是“点灯的人”，把一本本有趣也耐人寻味的书带到读者们面前，让他们兴致勃勃地阅读，朦朦胧胧间，使他们一生的日子都有了方向。

最后，让我们一起，阅读悦心约未来！

马克思父母给马克思的一封信读后感

李　威

［山东大学（威海）商学院2016级物流管理专业学生］

这个学期，我有机会参与到“读读马原著”活动中，竟然慢慢地将读马克思主义经典原著当成了一种习惯，每周一篇，于一个寒风凛冽的午后，在商学院的某一个安静的角落，静静地拿来品读。

由于我的普通话不好，平翘舌不分，所以我总要读很多次才能录下来发给老师。一遍又一遍中，我不断发现着马克思的另一面：原来由于原理的艰涩而颇让我们有些头疼的马克思也和每个普通人一样，有烦恼，有纠结，他是那样真实，那样可爱。

我最近刚刚读过亨利希·马克思和索菲娅·马克思（马克思的父母）在1837年11月写给马克思的信。这封家信实际上是马克思父母写的一封回信。在信里，爸爸对马克思的一些言行表达了自己的不满，对马克思进行批评教育的同时又不乏鼓励和关怀。初读此信，我就感受到了信中满满的生活气息，就好像我的爸爸在写信批评我一样。从这封信大致可以推断出这样一些内容：

马克思没有固定的居所；

马克思已经接近两个月没有给家里写信了，而且信件的内容连贯性不强；

马克思遇到了一点波折，并因此有些沮丧；

马克思许久没有向家里要钱了。

这样的马克思先生极其富有生活化气息。根据回信，我们可以大胆地猜测。没有固定的住所，两个月没有给家里写信，大概是每天忙于各种烦琐的事物，并且不断追逐新鲜和挑战、不愿安定下来吧！遇到波折，也会感到沮丧，也会向爸爸、妈妈表达自己的不开心，这个时候，他就是一个普普通通的青年，是一个父亲的儿子，他也还是爸爸、妈妈宠爱的孩子！这样生活化的马克思让我感觉特别生动、特别亲切！

这封信写于马克思 19 岁时。19 岁，刚好和我们一样的年纪，也刚好在经历着和我们一样的事情。19 岁的马克思朝气蓬勃，有自己的远大抱负，有一点点烦恼，会受到爸爸的批评和鼓励，妈妈会很想念他……不得不说，这样的马克思才真实、可爱。

读完此信，越发觉得有趣，并对马克思先生给父亲的下一封回信充满了好奇，受到了一点挫折的青年马克思在受到了父亲的批评和鼓励后，会作出怎样的回复呢？我们一起去书中找寻答案吧！

愧·省·信

——读《青年在选择职业时的考虑》有感

陈卓沁

[山东大学(威海)法学院 2016 级法学专业学生]

初之自愧,后之自省,终之自信,此十二字乃吾品读之实感。

为何而愧,其因有二。20 岁时才拜读伟人在 17 岁时写的中学毕业论文,那引人深思的语言、深刻缜密的思考,均如醍醐灌顶,振聋发聩。仅在中学时期,马克思思想的深度就远超于我们现在的大学生,人生之初就拥有要为人类福利而劳动的觉悟,实在是让站在思想底端的仰望者自愧不已,也崇敬万分。

回想自己至今的经历,做过最关键的决定,也仅是高考填报志愿。一家三口捧着两本厚厚的志愿填报指南,一摞大大小小的宣传手册,搜索各个从未留心关注过的学校,背着一个并不皆大欢喜的分数,对着大同小异的专业名称,暗自揣摩一两分的差距,似是一场无声的赌博。而现在真的仔细回想,"一考定终身"的话或许虽有夸张但不无道理。我们选的专业指向我们未来的职业,而我自己一年前填的这 6 所学校 30 个专业是否真的合我心意?想着努力挤进一个"985""211"的名号里,却唯独把最重要的喜好抛之脑后。读完马克思的这篇文章,心中之愧确实愈发深刻,甚至慨叹,如果更早些时候读到这篇文章,是否会做出完全不同的结果。

视自省,明察细思。昨日之决定,是今日之窃喜,抑或是烦忧?青年在选择职业时的考虑,凭我个人认知,将其标准归为五个层次。

其一,选择的职业是否能使内心真的受到鼓舞?

“所选择的职业是不是真正使我们受到鼓舞？我们的内心是不是同意？我们受到的鼓舞是不是一种迷误？我们认为是神的召唤的东西是不是一种自欺？但是，不找出鼓舞的来源本身，我们怎么能认清这些呢？”作者的一连串疑问，犹如反复敲响的钟声，在我心中久久回荡。有时我想，现代的年轻一代，真正有目标有理想的到底几何？我们选择专业、选择就业的标准到底是什么？有多少人是出于“热门”而选择金融、土木工程、计算机？选择那些“冷门”专业的人是真心出于特立独行的喜好，还是基于分数的无奈？百里挑一，挑的是心意还是差强人意？

从某种意义上来说，职业会影响人的一生，细想确实略有些恐慌，所以在此之前就尤其应该慎重。确实只有以内心真实的热爱为基础才能支撑长达三四十年的工作生涯，有勇气去克服各种各样的不如意。

其二，不求一个足以炫耀的职业，不被虚荣心蒙蔽。

越来越多的拜金者、虚无主义者出现在我们这个主张文明和谐的社会里，在虚荣心驱使下，利欲熏心的产生并不为奇。被名利弄得鬼迷心窍的人，理智已无法支配他，于是他一头栽进那不可抗拒的欲念驱使他去的地方。得意于一时，却在这个过程中迷失了人生的要义，短利、小利、私利使他们失去了本应取得的人生更大的幸福。有的人挤破头挤进北上广，在60层的高楼里谋求一个角落的存在感，成为人们口中的“白领”“蓝领”，在名牌与奢侈品中流连，在各味香水中穿梭，那些争着做所谓“文秘”而瞧不起、看不上小城市稳定工作的人不在少数。正如马克思中学毕业论文中所言：“我们的使命绝不是求得一个最足以炫耀的职业，因为它不是那种使我们长期从事而始终不会感到厌倦、始终不会松动、始终不会情绪低落的职业。”虚无缥缈不切实际的追求会让人产生错误的虚妄的热情与幻想，在事实面前不堪一击。只有脚踏着实地，才不至于在风雨降临时感觉自己无处可依。用理智明确地分析，去伪存真。

其三，正确估计自己的能力以及所选职业的分量。

大材小用乃暴殄天物，绠短汲深乃不自量力。在自己的能力范围内选择职业，若远低于能力的限度，则无法实现个人效益的最大化，也是社会对人才的不合理利用；若远高于能力的极限，定下不管踮脚还是跳跃都够不到的目标，那么才能的局限与职业的要求必然产生矛盾冲突，也终究会将身心拉扯至撕裂崩溃的边缘。长期遭受这种心理压抑的结果，便是怀疑自我，妄自菲薄。生活的信心也会不断流失，最后只剩下疲惫的身躯与干涸的灵魂。要知道，在成年后工作会占据生活超过一半的时间与精力，如果整个过程都充斥着苦痛，又为何要给自己制造这样悲惨的人生呢？量才录用，量力而行，在合理的弹性里衡量自己，才会在适当的挑战与适度的成就中得到成长与升华。

其四，选择能给人以尊严的职业，在自己的领域进行独立的创造。

有尊严、有体面的职业，并不是上文所说的能给人虚荣心带来满足的职业。如何才算有尊严？不需要卑躬屈膝，不需要委曲求全，尽自己的所能进行劳动与创造，发挥才能与水平，从而获得内心真实的认可与满足；同时，使我们在社会上拥有较高的地位，进而使我们有更大的信心去坚持所做的行为且不动摇。

其五，选择最能为人类福利而劳动的事业，是高尚的。

“以人类的幸福和我们自身的完美为指针。”简单的一句话拉开了普通人与伟人之间的思想差距。越来越多的人形容我们当代年轻人是极端的私利主义者。为了达到目的不择手段，实现目的后过河拆桥、卸磨杀驴的现象不胜枚举。这种扭曲的心理不仅是当代社会催生的产物，其渊源可以追溯到西周的宗法制，经过几千年的延续，不断巩固着人们心中“家天下为先而后国天下”的认知。选择职业时就更是这样了，很多人首先考虑的肯定是个人的薪资待遇、发展空间、社会地位等。真正怀着要为人类事业贡献自我的信念而选择职业的人，可谓凤毛麟角，屈指可数。殊不知一个人只为自己劳动，不可能成为完美无瑕的人，也永远不可能成为伟大高尚的人。

“如果我们选择了最能为人类福利而劳动的职业，那么，重担就不能把我们压倒，因为这是为大家而献身；那时我们所感到的就不是可怜的、有限的、自私的乐趣，我们的幸福将属于千百万人，我们的事业将默默地、但是永恒发挥作用地存在下去，面对我们的骨灰，高尚的人们将洒下热泪。”这句话写在马克思的人生之初，它与恩格斯在马克思墓前的讲话——“他可能有过许多敌人，但未必有一个私敌”，真是一前一后对马克思的一生作了完美的概括。

伟人往往都有一个特质，那就是勇于去实践自己的人生理想与追求，他们并没有将理想与追求流于空谈，而是以一生去实践它。

青年在选择职业时的考虑，不应轻率，不应随意。自愧自省而自信，吾之感悟言尽，而汝之思索方启。

《青年马克思》观后感

徐至言

[山东大学(威海)商学院2016级物流管理专业学生]

马克思是顶天立地的伟人,也是有血有肉的常人。

——习近平在纪念马克思诞辰200周年大会上的讲话

马克思出生于1818年5月5日,2018年恰是马克思诞辰200周年。为了纪念这位伟人,德国及法国的电影制片公司联合创作了《青年马克思》这部影片。

电影是以马克思、恩格斯从相遇开始一直到他们共同创作《共产党宣言》,推动全世界社会主义运动的过程,主要讲述的是马克思24岁之后一段时间的故事。马克思24岁时,由于没有当成大学教授,只能去《莱茵报》当主编。可是他的观点太激进了,受到政府的打压,最终《莱茵报》解散了。后来,他遇到了恩格斯。恩格斯本来并不喜欢做一位资本家,但是为了支持马克思的工作,帮助马克思解决经济上的困难,他竟然还是当了很多年的资本家。

在马克思和恩格斯为工人发声的过程中,当然遇到了非常多的阻力。当时工人运动中支持力度最大的两个战线都认为,把工人组织起来,只要他们力量足够大,就足以推翻当时的反动政府,建立工人阶级的世界。而马克思、恩格斯不这样认为,他们认为必须要为工人树立一个纲领,让他们能够真正参与到工人运动中去,这个纲领自然就是《共产党宣言》。

看完整部电影,更加理解了习近平总书记关于马克思伟大而又平凡的评价。

马克思的伟大是逐步成长起来的,是在不断实践中成熟起来的。最初马克思就职于一家报社,结果因为马克思的直言,报社被封,马克思被驱逐,从普鲁士到法国再到英国。正是这一次次的驱逐,为其日后思想的形成完善打下了坚实的基础。而这也正是马克思最为打动人的魅力所在。不怕困难,不惧危险,在一次又一次的阻挠挫折中仍然不放弃战斗的精神和姿态,不放弃对真理的探求和思索。他为谋求人类社会发展方式根本转变的心思始终如一!这不由得让人想起十九大报告主题:不忘初心,牢记使命。我们要学习马克思这种不畏艰难的宝贵精神、始终如一的高贵品质,时刻把初心挂在心上,把使命记在心间,将初心坚持到最后,将使命完成到最后。

伟人也是人,也需要面对生活的琐碎。马克思的生活无疑是清贫的,清贫到连养育妻女都困难重重,他不得不到处找工作以维持家庭最基本的生活。但马克思又是幸运的,他有一个那么爱他、甘愿为他放弃优越家庭环境的美丽妻子,即便是在如此清贫的生活中依然与他相亲相爱,荣辱与共,同甘共苦。真实的马克思有血有肉,不惧怕困难,更珍惜爱情,为我们树立了鲜活的榜样。

马克思伟大而又平凡,我们虽然平凡,但可以向着伟大前进!

《战狼》：铁血硬汉精神与中国情怀的双绽放

吴泽金
[山东大学(威海)文化传播学院 2015 级汉语言文学专业学生]

在“百度百科”上，“战狼”的词条为：《战狼》是由吴京(我们亲切地称他为“京哥”)执导的现代军事战争片，该片由吴京、余男、倪大红、斯科特·阿金斯、周晓鸥等主演。该影片属于国内首部 3D 动作战争电影，历时七年全力打造，《战狼》呈现了一场中外边境战争，也让堪称“东方之狼”的特种兵战队及高能战士首次登上大银幕。《战狼》讲述的是小人物成长为拯救国家和民族命运的孤胆英雄的传奇故事。我认为它是铁血硬汉精神和中国情怀的双绽放，是一个菜鸟军迷观影后对它的一个直观感受。

《战狼》中强烈地表现出英雄主义、硬汉精神。该影片的主角冷锋就是硬汉精神的代表，英雄的光环笼罩其身。影片一出场即是擅自入境的武吉及其下犯罪集团被中国军队以迅雷不及掩耳之势端掉窝点，作为狙击手的冷锋擅自违抗军令三弹连发，其中一弹穿墙把挟有假人质的武吉当场击毙。战斗结束后，冷锋因违抗军令不能留在原部队，但以“刺头兵”的身份进入战狼中队——特种兵中的特种兵。而送其到战狼中队的方式，竟是以直八运输机吊着他来了一圈云中漫步。红蓝军演对抗中，冷锋在战狼中队误入红军包围圈的情况下，出奇制胜地摧残了红军的一个团级单位，并且凭借着精湛的射击技术直接斩首了红军最高指挥官。幸存的战狼中队黑夜中上演了人狼大战，惊心动魄的搏斗中，冷锋把与其对阵的头狼杀掉，击溃了狼群……当雇佣兵杀害战狼分队长并想伺机逃出中国国境线，中国军队在追击过程中遇到“围尸打援”的境况时，冷锋急中生智地打下一棵树挡住狙击手射过来的子弹，又不顾危险地救出自己的连长；继续追击的过程中，冷锋以“我2.3秒”的自身奔跑速度快于狙击手的射击为依据来吸引狙击手火力，又以脚后跟上膛的方式干掉敌方狙击手；在追击雇佣兵老猫过程中，为节省时间闯入老猫布置的雷区，在踩中老猫布置的一颗大杀伤力的步兵雷时，凭自身弹跳与速度躲过这劫难；最后在国境线边缘截住老猫并与其展开肉搏，一句“到中国就别想出去”和一身过硬的中国功夫把冷锋的英雄气概推向了高潮。杀掉老猫之后的冷锋本已伤痕累累，面对换了我军服装的犯罪集团头目敏登即将混过国境，他三声狼啸“杀、杀、杀”，便端起上了刺刀的AK-47冲向国境线，把敏登压在脚下，毫不畏惧的“来啊、来啊、来啊”彻底镇住了国境线对面数以百计的匪军，成功地等到我军增援部队的到来和匪帮的大溃退……96分钟的片长，紧凑的情节推进，使得冷锋身上的硬汉精神与英雄主义得到充分展现，使得我在观影之中随之血脉贲张，大呼过瘾！

《战狼》里大量涌现的中国现役武器装备，体现了浓浓的中国元素。而这些真材实料搬上银屏，令我们耳目一新，拍手称快。“200多架次的现役飞机，30多架次的现役坦克，各种枪械的频频亮相……”天上飞的，影片一开始就出现了四轴无人侦察机，雇佣兵入境，指挥部派去喊话的即是武直-9、武直-10。最后，当敏登被压在国境线下时，冷锋身后涌现的还是中国现役武装直升机和运输机……地面上跑的，有雇佣兵入境逃跑的勇士吉普车，有战狼中队迎接冷锋的59式中型坦克、96式主战坦克……而影片中的中国枪械有56-1式冲锋枪、85式狙击步枪、92式手枪、95式班用机枪、QBU88式狙击步枪、95式突击步枪等，都是实打实的中国货。

众所周知，美国军事题材大片的一大特点就是美国的各种高科技武器装备亮相银幕，来打造充满美国味的影片。京哥在小规模的边境冲突战中，就给我们摆出这么多国产设备，这在中国是史无前例的。而这些中国元素，恰恰使我们找到大片的归属感，这是真正属于中国的军事大片。

《战狼》真实场景的还原使我们感同身受。指挥室的虚拟化电子模拟沙盘、红蓝军电子信息战的对抗、特种作战的丛林渗透、地空一体的配合、基因武器的提及等等，都很好地说明了这是一场现代的局部战争。丛林战场也能够体现出战争的真实情况。战狼中队是中国的陆战精英,雇佣兵则是退役的外军特种兵高手,两虎交锋当然是惨烈的。雇佣兵一开始便趁红蓝军演习时杀掉战狼的分队长,而在中国军队追击的过程中,中国军队又几次误闯他们布置的雷区,加上后面上演的"围尸打援",中国军队付出的代价是惨痛的。不仅在此,特种兵之间的近战搏斗,战狼也占不到很大的便宜。史三八和队友勉强把大力士型的雇佣兵炸死而自己也深受重伤,冷锋和老猫的对决也是互有输赢,最后冷锋是凭着意志和出其不意才把贴身的老猫割喉……这里没有传统中国军事片中突出我军、弱化敌军的设置,更没有手撕鬼子的神剧效果。

强手对决,中国军队在消灭雇佣兵、挽回我军尊严时确实付出了惨痛的代价,这真实的战场让我们明白了敌人的凶残、战争的残酷——它不是过家家的游戏,而是会流血、死人的。当然,也突出了我军在捍卫祖国尊严与和平的大无畏牺牲精神。加上3D效果,真实的战场环境下,引发了每一个观影者对正义和邪恶的思考……

《战狼》里中国情怀和民族主义的适当点缀,燃起了每一个观影者的中国心,理所当然地激发起爱国感。影片一开始就借敏登之口赞扬了中国:"不要小看中国,那是雇佣兵的禁地。"而冷锋关禁闭期间直截了当地道出那两句话"当兵后悔两年,不当兵后悔一辈子",则是直冲我们心扉,激起我们对绿色军营的向往。当战狼中队分队长被敌残杀,旅长指挥室里对即将出发去追击雇佣兵的特种兵们的战前动员,每一字、每一句都在我们心里泛起波浪。"如果没有发生这场战斗,我们可能一辈子都不会来到这里。这里没有青山绿水,没有金银宝藏,可在我们军人眼里,这里是最美的地方,因为这里是中华人民共和国的国境线,是我们必须用生命和鲜血誓死捍卫的地方。现在,让我们以军人的尊严宣誓:犯我中华者,虽远必诛!"我们骨子里积藏已久的爱国情感瞬间迸发出来!而战狼队员们换上"I FIGHT FOR CHINA"的臂章,面对死难战友随着直升机缓缓升起,全体参战人员对他的齐刷刷的敬礼,那美丽而又可敬的姿势,让我们对共和国战士充满无限的敬意。而遭受"围尸打援"时我军为救战友而接连牺牲,那种战场环境下为祖国、为战友而舍弃自己生命的奉献精神,牢牢地牵住了我们的神经,控制了我们的情感。当冷锋把敏登控制在国境线内,大喊“来啊”背后涌现出我国直升机的支援时,我们不禁感受到,祖国是我们坚强的后盾。可以说,中国情怀的适当点缀,成为影片之魂,就是那打不掉的中国魂,使我们有了“此生无悔入华夏,来世还生种花家”的自豪感。

了解《战狼》的幕后才知道,《战狼》是京哥七年的心血之作。这是一部彰显硬汉精神、弘扬爱国主义和英雄主义的国产主旋律军事题材影片。在军事题材电影远远不被看好的时代,京哥曾经表示,要把现如今的中国军人最男人、最真实的一面展示给观众。“美国人有他们的爱国主义,中国人为什么不能有自己的爱国主义、英雄主义?”为了这个目标,京哥投资巨大,只为还原真实。为了培养特种兵气质,京哥深入南京军区接受了 18 个月的特种部队训练生活……当京哥七年磨一剑的《战狼》出炉时,上映三天破亿,四天破两亿,七天破三亿,上映十天票房就超过四亿!这,应该是对他的最好回报。军事专家张召忠看影后表示,从专家的角度来讲,挑不出硬伤,观感非常好。虽然战狼仍有瑕疵,但被公认为目前中国最好的现代战争军事影片。

如今,小鲜肉、美男、高颜值攻陷大半荧屏江山,外国大片以压倒性优势碾压中国影片,作为一名男生,我深深感到硬汉精神缺失的悲哀、中国情怀减弱的无奈,这也是我想写一点文字的初衷:时刻提醒自己是个男儿就该有男儿气概,别走着走着就变矬了;自己是个中国人就得时刻拥有中国心,别走着走着连魂都丢了。

世间犹有萧景琰

王伟哲
[山东大学(威海)机信学院2014级数媒专业学生]

烈焰焚碧血,望梅岭,雪红覆荒秋。悔离别轻许,冰河铁马,冷月孤舟。匣内明珠空候,物事已成休。误几回执念,不识归舟。

何惧风波浪涌,愿河清海晏,独步危楼。洗冤慰忠骨,有浩气千秋。黯伤魂,长林风起,叹无常聚散总难留。征程远,秋光又老,谁共箜篌?

——《八声甘州·萧景琰》(引自"云淡风轻地微蓝"的新浪微博)

十三年前,他是无忧无虑笑容明亮的少年,他上可追随祁王,高谈论阔,下可驰骋沙场,浴血刃敌。十三年后,他是孤愤固执受人冷落的皇子,他远离朝政,远离喧嚣,用一份执念坚守初心,用一腔热血挥洒战场。直到,他遇见了他。

他问:那么先生,是想选太子,还是选誉王?

他答:我想选你。

自此,他便走上了一条越走越高无法回头的孤独之路。

一曲《琅琊榜》,"麒麟才子"江左梅郎被太多人知晓,而在我脑海中久久挥之不去的却是那个顽固到几乎不近人情的萧景琰,因为在他身上,我看得到那束明亮的道义之光,熠熠生辉。

清傲与浩气

作者说她将赤子之心给了梅长苏,将浩然之气给了萧景琰。所以,我们得到了一个海晏河清、浩气千秋的萧景琰。

很多人说萧景琰是一个清傲之人，没错，但萧景琰的高贵之处也恰恰在于他的清傲。正是他的清高与冷傲，才使得他始终坚守初心，不屑与世俗为伍。十三年来，当所有人都忘记那场赤焰旧案时，他依旧记得梅岭之灾；当所有人争先恐后拥附权贵时，他选择远离喧嚣血洒沙场；当所有人谈笑风生平常如旧时，他宁愿沉默寡言、不苟言笑。贵为皇子，战功累累，却未得亲王加身，这一切，是他所选，是不愿，而非不能。若没有这孑然一身的清傲，又怎能默默承受这十三年来的种种不公？又怎能坚持心底那一份执念永不妥协？透过这份难能可贵的清傲看靖王，我看到的是顶立于天地的浩然之气，他倾尽一切为故人昭雪，他将所有思念压在心底，即使被打压、被冷落、被嘲讽，他依旧不改“冷傲”之本性，昂首走在光明之中。所谓“浩气凛然”，如是而已。

固执与坚守

霓凰郡主说靖王自有靖王的风骨。

不得不承认，萧景琰固执得不近人情的“水牛”性格并不讨人喜欢。但在我看来，与其说是固执，不如说成坚守，一份对道义的恪守，一份对底线的坚持。当萧景琰与梅长苏在救卫峥一事上发生分歧时，我相信大多数的观众都会抱怨他有情有义却不长脑子。是的，他选择救卫峥就意味着选择了下下策，但他并非不明白自己这么做的后果，而是他根本就不想顾虑这件事的后果。因为对他而言，救卫峥，这是一件无需考虑值不值得而必须要做的事。他说：“其他人的看法我并不在乎，可是逝者英灵在上，我不想让他们也以为，我萧景琰，最终低了头。”当他说完，梅长苏便明白，他还是那个孤寂固执、驰骋沙场的萧景琰，他还是那个正义善良、容光万丈的萧景琰，他未曾改变，且他一直都在。而梅长苏真正想要支持和辅佐的，不正是这么一个不轻易妥协、始终坚守着自己的良知与底线的萧景琰吗？大梁国从来不缺刻薄多疑、善于权谋之计的皇帝，所以对天下人而言靖王是最好的选择。对情义和道义的恪守和坚持，自是靖王的风骨。

孤愤与热血

王凯说萧景琰是一个悲伤但不悲观的人。

梅岭之役，赤焰旧案，注定了他悲怆的人生与孤愤的性格。那个顾盼神飞、笑脸盈盈的红衣少年永远定格在了21岁。自此，留给世人的，是那一张不动声色的侧脸和一份压在心头难言的痛楚。也对，偌大的金陵城内，敢站在殿前为林帅和祁王鸣一声不平的，也不过只他萧景琰一人。所以，他收敛锋芒；所以，他远离朝政；所以，他选择不去相信任何人，即便是一心一意为他筹谋划策的梅长苏；所以，他理所当然地成为世人眼中的“孤愤”之人。孤独，注定要伴他一生。梅长苏未出现之时，他失去父皇的宠爱，失去情同手足的兄弟，失去一生追随的皇长兄。心中冤屈无处可伸，心中苦楚无人可懂，心中执念更无一人可理解，即便是心疼他的母亲也不过数月才可见上一面，即便是与霓凰郡主见了面也只能无奈苦笑。而梅长苏出现之后，他被命运所推向的，更是一条孤独之路，走得越高，人越寂寞。那被命运拨弄得千疮百孔的人生啊，他注定是一个悲伤之人，只能品味孤独。高处不胜寒，唯一支持他走下去的，或许是和梅长苏一样的信仰，那就是对道义的坚守，对光明的追求。古来圣贤皆寂寞，相信即使“孤愤”，他仍能拥有一腔正义的热血，他仍会用自己的孤独去温暖天下人心。

即使悲伤，却不悲观；即使孤独，却从不黑暗。

子曰：刚、毅、木、讷，近仁。靖王的风骨便在于仁。于私，他有情有义，倾尽一切为故人昭雪，他追求的是真相，是公道；于公，他坚毅清廉，他懂得天下是天下人的天下，而非皇权，他追求的是清明，是仁义。其性至纯，其智固坚。世间万事，若是有千千万万个萧景琰永存，又何愁道义不公，不过是风起、云散罢了。

春和景明，琰玉惟坚。世间犹有萧景琰，真好。

你是人间四月天

秦晓娟

［山东大学(威海)文化传播学院2015级汉语言文学专业学生］

有一群人，用一身纯白，净污驱瘴，守护着每一个柔韧的生命。他们用满是茧的双手，为生命筑起一道屏障，他们的存在本身就让人安心不已。

医者，父母心。撑起那一身纯白的，是一颗仁心。前段时间听周遭同学疯狂安利《外科风云》，没曾想，不曾追剧的我竟渐渐补全了这个故事。

是了，拥有责任心的医生也是真正的仁义侠士，救死扶伤，生命至上。他们每天奋斗在第一线，总是与疾病、伤痛、死亡打交道。作为一个心理建设并不算很牢固的人，我真是不得不佩服他们像是打过无数强心剂的心脏。他们不仅承着自己生命的重量，更载着别人生命的重量，这个担子不轻。

我们在影视剧上看到的医生，多是被脸谱化的"英雄"形象，但是《外科风云》告诉我们，医者没有什么不同。他们并不是无私无畏，他们也有七情六欲，他们也一样经历着人生的酸甜苦辣，他们也有撑不住的时候。他们的使命是救死扶伤，但他们也没有能力保证每一次的成功。看上去同样平凡，他们跟我们好像又不一样，他们敢于挑战，敢于去为更多的生命负责，让更多出现偏差的心脏恢复到正常的心跳。

不想谈这部剧里的医疗技术、医院生态、职场模式，也并不关注此中儿女情长、娓娓道来，只是单纯地想从医生的仁心方面作出自己的解读。陆晨曦是个热血的医生，可能最初她冲动无脑的表现让人有些反感她的任性妄为。但我们不能否定她是热血的，在生命与规则面前，她捍卫前者的心不弱于任何一个人。虽然她蔑视规则与制度，有些离经叛道，但无疑她是疾恶如仇、朝气蓬勃的，她有棱有角，她的鲁莽，不过是少不更事的单纯被放大罢了。这样的人，哪怕有些缺点会让人诟病，但终究瑕不掩瑜。她的侠义之气，何尝不令人想起曾经意气飞扬的自己。

庄恕，同样是个业务精湛的医者，他是严谨的、稳重的。他看似成熟，但却并不像表面上那么强大。他的隐忍坚强，是从小没有依靠、没有爱的环境所导致。面对失散已久重回视野的亲人以及日久生情真挚炽热的恋人，他显得畏缩或者懵懂，不知该如何面对。其实从母亲死亡那一刻起，他便再也没有长大吧，不过是因为不愿将内心的脆弱示人，才不得不用强大的外表掩饰。

正因如此，他更是让我不得不带着一种敬意看待他。他深信母亲被卷入医疗事故是被冤枉的，回国后隐忍复仇。但他从没有被仇恨所蒙蔽，哪怕身处黑暗怀揣秘密，他依旧保持着对工作的热忱和期待，仍然坚守着作为医者的仁心与宽容。与耿直乐观的陆晨曦不同，他始终是冷峻深沉的，让人难以揣测，捉摸不透，但在亟待拯救的患者面前，他永远是最值得信任的一个。关键时刻，他会是最值得将生命托付的医者。就算内心饱受煎熬，他也依然守护着照亮他人生命的光明。探寻真相的路上，他始终记得自己的职责和使命，不负他人的重托与委任，当真是个仁义之士。

真正的仁侠，不止能救人，也能自救。母亲的冤情是庄恕一生的痛，让他一直没办法彻底沐浴在阳光下，拥有豁然开朗的瞬间。昔日间接导致自己母亲撒手人寰的修敏齐因女儿患病需要求助技术精湛的庄恕，但身为父亲的修敏齐竟放不下自己的自尊心和荣誉感，拒不承认当年的错误，反而用医德来激庄恕。这无疑是一桩道德绑架！自己都没有做到坚守医生的信念，怎么有勇气用医德来拷问庄恕！于是庄恕怒了，本来只想要一个道歉，哪怕不是那么郑重，只要他承认错误，但现在，他只剩下气愤与敌意了。怎么办？拒不认错的仇人，垂危濒死的生命，真是个两难的境地。正因如此，重新站在手术室门口选择了拯救生命的庄恕，才值得我们奉上最大的敬意与尊重。他用生命至上的信念，捍卫了医生的名义。这何尝不是一场自我的救赎，真正的仁侠，敢于面对真实的自己，敢于饶恕，敢于拯救。

明明是那么冷峻的一个人，却始终给人四月天一样的温暖与慰藉。他也是脆弱的、易伤的，他也会迷惘、也会无助，但不论困顿或是惶惑，他始终秉持着医者仁心，以生命至上的信念化解一切的矛盾与踟蹰，为了守护生命甘愿付出相应的代价。

他们，是在生命面前永远坚毅、永远执拗、永远屹立不倒的靠山，他们仁义并存，他们是人间的四月天。

可爱的人

刘晶鑫

[山东大学(威海)商学院2015级金融专业学生]

很巧,在2017年教师节这一天,看了一部关于师生情的电影——《可爱的你》。

故事的主人公吕慧红老师原本在一所名校做校长,做完肿瘤手术后,辞职休养期间,从新闻中得知元田村幼儿园招生困难,仅剩5名贫困学生,濒临倒闭,老师、校长纷纷辞职,资助幼儿园的村子宣布如果下学期幼儿园学生少于5个就停止资助幼儿园。5名学生即将失学,幼儿园只能每月花4500元聘请一位校长兼校工,包揽学校所有工作。慧红想要帮助这五名学生,便去做了"四千五校长"。

影片温情满满,没有歇斯底里的悲伤,只有缓缓动人的温暖。然而最打动人心的往往不是悲伤的情节,而是平淡却温暖的细节。

剧中的吕校长自始至终都是一位真正热爱教育、全心全意为学生着想的老师:她劝说一对大力支持学校的"精英家长"把学习压力过大的儿子从精英班调回普通班;她辞职后做什么都心不在焉,开车经过学校幻想自己在门口和小朋友们微笑道别;她得知元田幼儿园的情况后马上去看望5个小朋友,并为了他们放弃和丈夫环游世界。教书育人是她一生最想做的事,让小朋友们得到最好的教育是她生命的意义。正因如此,才有了后面她和元田村的5个学生之间感人的故事。

她在校监绝望地交代幼儿园命运之后,仍认真地打扫荒凉幼儿园的一桌一椅、一窗一院,希望给5个学生一个整洁的环境。她在受到某些村民的冷嘲热讽后,仍满脸笑容在学校破旧的大门前迎接她的5位新学生。

因为各路媒体的报道,怕被人认出来是穷人,5个小孩都被家长要求每天戴着口罩。吕校长的第一课就是帮她们摆脱因贫困而生的自卑,摘下口罩,堂堂正正地露出灿烂的微笑。她和学生分享最开心和最不开心的事,走进孩子的心,最好的教育不就是让学生拥有最好的心态和品格吗?

之后,她开始了解并解决每个学生家庭的难处。开车免费接送住在偏远拥挤杂乱的贫民区的印度小姐妹上下学,鼓励失去双亲的珠珠走出"响雷怪兽"的阴影,安抚嘉嘉因父母吵架而受伤的心,并且将嘉嘉父亲工伤意外和被迫搬迁的情况反映给区议员助理。她去小雪家里家访,发现小雪不仅要照顾生病的爸爸,还要捡废铁赚钱,所以没去上学,因此给予小雪更多关爱,宽慰她思念妈妈的心。

现实很冰冷:吕校长利用人脉为即将失学的5个小孩转校,没有学校愿意免收学费,还要出交通费和书本费;她为学生申请教育基金,教育中心的校长却是看重她"四千五校长"无私的名声,想借此打造幼儿园精英补习教育的品牌,利诱吕校长不要再管元田村的小朋友;元田村幼儿园招生开放日没有一个人来。

但是,希望无处不在,欢乐确确实实在5个小孩的心里生根发芽。吕校长出现在贫民区的过道里大声对Kitty和Jennie说每天免费接送她们俩上学,二人知道又可以上学后雀跃不已;她站在雨中,向珠珠证明响雷不是吃人的怪兽,打雷下雨是天堂的爸爸、妈妈在说他们有多想念珠珠,珠珠勇敢地用小手接雨说自己会照顾好自己;她费力地一锹锹铲走强拆者堆在嘉嘉家门前的黄土,一向闷闷不乐的嘉嘉也绽开笑容和她一起铲土;她让小雪爸爸帮忙为幼儿园做好新大门,小雪为爸爸感到骄傲,并且与相依为命的父女两人一起开心地吃晚饭,告诉他们一家人一定会团聚。

她用自制的小黑豆布偶告诉孩子们不要自卑,要有梦想。又让5个小孩向家长询问梦想,使为了生计疲于奔命的家长与孩子有了更多交流,给孩子们充满希望的童年。她带着5个学生游学旅行,与残疾学生一起玩,教会他们人都是平等的,即使贫穷、残疾,只要自信努力,就会得到尊重,获得幸福。残疾的英兰老师也鼓励了吕校长,最好的教育不是看设施有多好,看的是老师的一颗心。吕校长和学生及家长一起为招生开放日发放传单，编排节目，装饰幼儿园。虽然最后失败了，但是生活在期待和努力中并且接受生活的失败和转折不也同样是珍贵的一课吗？

“你究竟是在做生意，还是在办教育？我是个教师，但我跟你不一样，我不只是在教书。当教师本来是一件很有意义的事，是身教，用生命影响生命，你明白吗？”全心扑在幼儿园而已经很久没去医院复查的吕老师满脸苍白地拒绝了利欲熏心的校长。

片尾的字幕写道：每人一生中，总会遇上一位值得你惦挂着的好老师！每个人都希望遇到一位吕校长，她热爱学生，关心孩子，尽心尽力为了孩子的未来；她无私奉献，带病工作，承包幼儿园大大小小的事务，时刻把学生放在第一位；她不为利诱，思想崇高。她再次手术出院后，孩子们为她奉上了美好的表演，即将毕业的嘉嘉哭着说以后会很努力地读书，将来像她一样尽力去帮助其他的人。

影片根据真人真事改编，现实中的吕校长还在任教，从计划的四个月做到了现在，元田幼儿园的状况也在好心人的帮助下变好，有了60多个学生，吕校长身体力行，让最底层人民看到了受教育的重要性和希望，也让教育回归到最本真的起点。

不只是吕校长，不只是老师，在这个现实的世界上，我们每一个人都可以成为可爱的人。

当灾难来临时,你会作何选择

黄婷婷

[山东大学(威海)文化传播学院2015级汉语言文学专业学生]

前往釜山的列车,满是绝望,又承载着希望。在这十几节车厢内,有着形形色色的人:衣冠楚楚却卑鄙自私的金常务、带着女儿的父亲、妻子怀着孕的夫妻、临近暮年却满存温情的姐妹、棒球队的少男少女、无家可归的乞丐。有着摧枯拉朽的恶,也有震撼人心的爱。

这不单单是一辆开往釜山的列车,在这辆车上折射了人间百态,也把人性最本质的东西展露无遗,无论是恶还是善。

在灾难面前,最能看到人的真实情感和内在品质,同时也最能展现爱的力量。

当列车缓缓开动时,车上有喧哗嬉笑的人,有安静休息的人,有默默看书的人,有细声交谈的人。车上承载了一颗颗向往远方、期待与亲人或朋友相见的心,大多数人都沉浸在喜悦之中,没有任何一个人会想到接下来就要面临生与死的搏斗。灾难,就是这样猝不及防,让你无可奈何。

那么,面对像风一样极速而来的灾难,人会做出什么样的选择?为了活着牺牲他人,抑或是抱着最后的良知勇敢赴死?开往釜山的列车逼迫着乘客给出了关于善恶选择的答案。

自私卑鄙的中产阶级精英金常务选择了明哲保身,不,他是踩着别人的尸体谋求生之道路。这条通往希望和生的道路是由大叔、乘务员、列车长、珍熙等无数人的生命铺就的。然而,牺牲了那么多人,金常务并没有成为最后活着的人。当你选择了自私自利,当你选择了用他人的生命来换自己的生命，当你选择将仅存的一点点良知全部抛却，也就意味着灾难必定会毫不留情地降临在你的身上。如果不是金常务，最后可以活着到达釜山的人远远不止是孕妇和小女孩。金常务这类人是可耻的，也是可悲的，然而我以为，他并不值得同情，也很难得到救赎。

同样是中产阶级精英的男主角石宇，身上有着利己、虚伪的不良品格。开始，石宇也选择保全自己和女儿，至于其他人就不关自己的事了。在大家躲避灾难时，秀安把仅有的位置让给了年迈的老奶奶，石宇是这样和秀安说的："秀安，其实你没有必要把座位让出来。"在石宇眼中，自己永远是最重要。不过值得庆幸的是，当那个曾经差点被他害死的大叔救了他的女儿时，他心中还未完全泯灭的良知燃起了熊熊大火。他意识到，在这人世间，尤其是灾难面前，人与人之间是相互依存的，作为个体真的不能那么自私。在这个转变后，他一路保护女儿秀安和孕妇盛京，用生命履行着对大叔的承诺。他用最后的理智安排好秀安和盛京后，带着内心深处最珍惜的东西勇敢赴死。

我相信，这部电影中会吃鸡腿、会打怪、对老婆钟情温柔的大叔让很多观众都很喜欢吧？大叔体型庞大，给人很强的安全感。他一直在帮助别人，打僵尸的时候也很勇猛。虽然大叔只是一个平凡的人，但大家看到他就觉得他是正义的化身。很遗憾的是，因为金常务的自私、其他乘客的盲从，超级英雄大叔为了他人牺牲了自己。他用自己的庞大的身躯、达到极限的力量和拼命存留的理智挡住了毫无人性的丧尸。最后，他用饱含深情又略带对生的留恋的声音大声喊出了女儿的名字"允书"。"我只留下这个名字，陪你度过一生。"这是怎样的无奈和关爱，让人感动却辛酸。大叔在与丧尸殊死搏斗时，极力劝退妻子，言语激烈，但不一会儿，眼神里的温柔像一潭深水，可见其对于妻子的爱多么深厚，灾难都因而显得那么微不足道。

允书将成为大叔生命的延续。我坚定地相信，超级英雄永远不会毁灭。

荣国和珍熙，青年人的代表，他们在灾难面前又作何选择？因为爱情的力量和同学的情谊，他们是相互帮助、相互扶持的。电影没有把他们展现得像大叔那么英勇无惧，但他们也是有良知、有热血的青年人。最让人感动的是，珍熙被僵尸咬后，荣国没有丢下她一人逃生，而是和她相拥一起进入黑暗的僵尸世界。

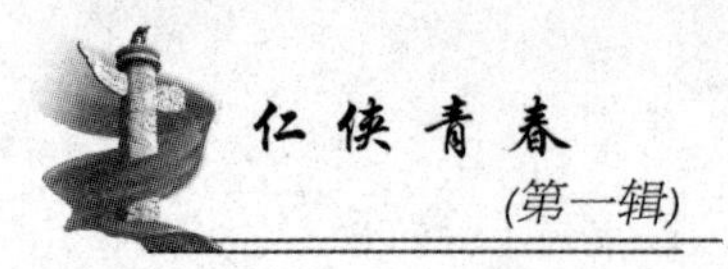

逃亡路上，不抛弃、不放弃，一路同在。爱的力量，可以让你对黑暗、残酷也无所畏惧，可以让你舍弃生，奔赴死。

除了会吃鸡腿、会打怪、温柔钟情的大叔以外，不会说话、衣衫褴褛、行为懦弱的乞丐大叔也让我印象深刻。电影经常会在不经意间给乞丐大叔特写镜头。乞丐大叔衣衫褴褛、面容沧桑、两眼空洞无神，行为懦弱，是处于社会底层人民的典型代表。他是个哑巴，但是他那看似看透一切的眼睛一直在目睹着整个灾难的发生。

乞丐大叔是整个影片中颇具立体感的形象。他身上有自私的一面，同时又能从他身上看到人性的蜕变与升华。一路逃亡中，乞丐大叔由单纯地想要保住自己的生命到可以牺牲自己保全他人。灾难会让人性中的恶显露，同时也会激发心灵最深处的善。最后，乞丐大叔为了救秀安和盛京，用自己的躯体挡住丧尸，带着人类的正义和良知勇敢赴死。

《釜山行》的结局没有悲惨到令人难以接受，它让最弱小的两个人存活了下来。小女孩和孕妇是众多人中最为弱小的，她们的存活代表了很多。当灾难来临时，很多人还是会选择善的；爱与善是可以战胜摧枯拉朽的恶的。她们的存活让观众在绝望之际看到了希望之光。

每个人心中都会有善与恶，关键在于你作何抉择。我们要坚定地相信，更多的人是会选择善的，并且善终将战胜摧枯拉朽的恶。

向粗制滥造的电视剧说“No!”

仙 爽

[山东大学(威海)文化传播学院2017级汉语言文学专业学生]

你喜欢看粗制滥造的电视剧吗?相信你的回答一定是“不”。然而细观我国电视剧行业,不难发现其中问题多多。那么,我国电视剧存在什么样的问题,又应如何解决呢?

从主题上看,有些电视剧的内容缺乏实际意义,空洞泛滥。毛泽东在延安文艺座谈会上的讲话中明确指出了文艺作品的源泉——“作为观念形态的文艺作品,都是一定的社会生活在人类头脑中的反映的产物”。回首来看,这句话依旧闪耀着光芒。在建设中国特色社会主义文化的征程中,就必须发展人民大众喜闻乐见的文化。而今,各种以现代生活为背景的电视剧却缺乏现实主义精神,没有面向大众的脚踏实地的态度,缺少关注现实、反映问题的深刻题材。传统的电视剧套路还在控制着编剧的大脑,“霸道总裁爱上我”“商战”“丑小鸭变白天鹅”等题材的电视剧明明早已过时且不符合实际,却仍旧被编剧嚼来嚼去。在所谓的“现实主义”的包裹下,这些电视剧多以豪宅别墅、香槟美酒、幼稚的情情爱爱为看点,很难与深刻性、现实性的标签相配。例如,受万众瞩目的《猎场》以口碑惨败告终,究其原因,并非演员演技问题,而是剧本过于苍白。该剧本想反映商战,却明显力不从心。剧中的商战抛弃现实,浮于表面,且穿插的情爱因素过多,导致整剧内容空洞,主题不明。真正的现实主义作品应当符合社会生活规律,符合创作规律,符合时代要求。

从观赏性来看,有些电视剧过于浮躁,导演、编剧缺乏严谨科学的态度。

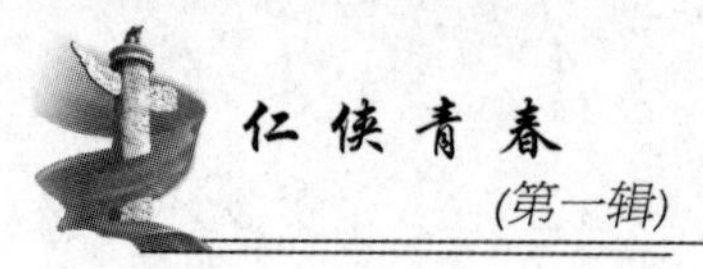

近些年来古装剧大火，远至上古，近至明清，各类古装电视剧霸占荧屏。其中，众多火爆电视剧主人公均以历史人物为原型。原本来说，讲历史故事有利于在娱乐中提高人民群众的历史知识水平，展示波澜壮阔的历史宏图，达到一定的教育目的。这本应是件好事情，但是，众多电视剧打着“火爆 IP”的名号，不惜背离史实，以博得观众眼球。编剧不通历史，将历史名人生拉硬扯，强行编凑剧情。如接档《人民的名义》的作品《思美人》，打着“第一个讲述屈原生平的历史剧”的名号，却把屈原的政治理想和爱国精神置之一旁，大讲屈原与所谓的“山鬼”的爱恨情仇。除了电视剧的大方向背离历史，剧中还有很多历史常识错误。例如，屈原本是楚武王之子屈瑕的后代，楚武王时期，子瑕受封屈邑。因此，屈为氏，芈才是姓。而在剧中，类似“我们屈家”的这种错误台词层出不穷。粗制滥造的历史电视剧，不仅不能教育观众，反而给观众输入错误的历史知识，甚至误导观众形成错误的历史观。观众在欣赏完制作精良的《人民的名义》后，不禁大呼过瘾。当下古装剧持续升温，众多编剧扑向这棵摇钱树，拼命挖掘历史人物，不尊重历史，反以历史为赚钱的踏板。请最火的艺人，找最好听的幕后配音，录最好听的主题曲，却唯独不能磨剧本，不能好好遣词造句。没有“十年磨一剑”的精神，却想盆满钵满。电视剧被做成快餐，实在是“金玉在外，败絮其中”。

那么，面对乱象丛生的电视剧行业，当今我们又真正需要什么样的电视剧？首先，电视剧必须脚踏实地，关注大众生活，引导人民群众关注现实。要杜绝空洞无味的说辞，杜绝香槟美酒式的浮华场面，真正扎根现实，扎根生活。《鸡毛飞上天》是我很喜欢的一部剧，它讲述了温州商人由贫困到壮大的过程，反映了在改革开放大环境下我国经济社会的发展，将温州商人起家之不易、发展之艰辛，都淋漓尽致地表现了出来，具有很强的现实性。在深入推进改革开放的背景下，我们回首前路，更能体会到道路险阻，更能坚定道路自信。其次，要摆正态度，拿出匠人精神。《琅琊榜》之所以成功，其中一个原因就是导演对于细节的苛刻要求，每一个礼节，每一处动作，都依据历史，绝不擅自改编。另外，有好的题材，也要有好的幕后制作。因此，还要提高电视剧制作技术，改善观赏效果。我们常常吐槽“五毛钱特效”，这种粗制滥造的场面极大地影响了美感，导致观众无法融入电视剧的宏伟壮阔的场面之中。面子做得好，内容扎实有力，才能真正做出高质量的电视剧，才能促进我国影视行业良性发展，才能真正发展人民群众喜闻乐见的大众文化。

“95后”热追《人民的名义》背后

陶思成

[山东大学(威海)商学院2015级金融学专业学生]

如果将“95后大学生”“政治”“主旋律”“反腐正剧”这几个关键词联系在一起,你会认为它们会迸发出激烈的火花吗?似乎在某些人的印象里,现在的“95后”大学生,似乎对政治大都存在或多或少的疏离感乃至反感,尤其是在这个“娱乐至上”的时代背景下,“95后”大学生们更多的是采用一种泛娱乐化的方式和逃避的态度来面对政治。而带有政治色彩的反腐正剧、主旋律大片,也逃不脱被大学生们选择性忽视的命运。毕竟,在自我性更强的“95后”面前,反腐、主旋律、正剧似乎离他们太遥远,都是些高屋建瓴、不接地气的东西,似乎远不如IP大剧、综艺节目、游戏直播等有趣、接地气的东西来得实在,娱乐自己,开心就好。这样的想法包含着这样的潜台词:“95后”大学生是一群不爱读书、不爱思考、不问政治、不关心国家社会的精致利己者。

然而,我想说,倘若带着这些偏见来看待“95后”大学生,那么“95后”在这些人眼里,永远是垮掉的一代。英国散文家威廉·赫兹里特曾说过,偏见是无知的产物。你们这么看待“95后”,那是因为你们根本不了解“95后”。那么,“95后”群体到底是一个怎样的群体呢?

我们可以尝试用开头的那几个关键词所碰撞产生的火花——《人民的名义》追剧热潮来窥见“95后”大学生群体的真面目。

这里,简单给大家介绍一下《人民的名义》。该剧是由中国政治小说第一人——周梅森的同名原创小说改编,并且周梅森先生也是该剧的编剧,著名导演李路执导,40 多位老戏骨实力出演的 2017 第一反腐大剧,被广大网友和媒体称为“史上尺度最大的反腐剧”。

如果给这部剧加上几个关键词标签,毫无疑问,必然是:政治、主旋律、反腐正剧。那么,当“95 后”遇上《人民的名义》时,究竟产生怎样的化学反应呢?

火!火得一塌糊涂!

收视率接连破 5、破 7 乃至破 8,创十年国产剧收视纪录,是当之无愧的新世纪以来的电视剧王。在“95 后”的大本营——网络平台上,更是呈现碾压式的局面,全网点击量突破 200 亿。在追剧的人群中,“90 后”“95 后”群体占据了四成,成为追剧的主体人群。据笔者观察,身边的同学也大多在追这部剧。朋友圈也被剧中网红“达康书记”刷屏。由此可见,《人民的名义》这部主旋律反腐正剧,圈粉了“95 后”大学生,并在他们之间产生了强烈反响。

透过“95 后”热追此剧的现象,我们来分析一下“95 后”大学生群体。

“95 后”大学生群体,具有高度自信!

第一点,“95 后”自信的根本原因。

“95 后”的童年生活在商品相对丰富的经济年代。按照经济基础决定上层建筑的理论,“95 后”与之前的几代相比,他们处于最好的物质基础时代。他们是中国高速发展的见证人,他们在一个可以平视发达国家的背景下成长,在他们眼中,外国的月亮不一定比中国圆。他们,对于中国的未来和自身的命运,充满了自信。

第二点,“95 后”体现了高度文化自信。

习近平总书记在建党 95 周年庆祝大会的重要讲话中指出:“文化自信,是更基础、更广泛、更深厚的自信。”而在《人民的名义》圈粉“95 后”的背后,正是“95 后”大学生们具有高度文化自信的体现。

我们,敢于以更接地气、更有趣、更生动的形式来解读主旋律,解读政治意图。在《人民的名义》的二次创作中,最不能忽略的就是刷屏的表情包和衍生的流行语了。有人认为,这些只是“95 后”这些年轻人的自娱自乐,好玩罢了。这些以泛娱乐化方式创作出来的戏谑,甚至搞笑的二次产物,是“95

后”作为互联网原住居民的一种亚文化的表达方式。他们希望，通过这些好玩的、能博人一笑的创作，吸引更多人的关注。因为他们明白，这样一部具有深刻意义的好剧不应被埋没。有些人说，他们不讲政治，不关心时政。他们不仅在关注，而且，更是以“95后”的方式来传播、来阐述。这正是基于“95后”青年的亚文化自信。这代人，既接受中华优秀传统文化的熏陶，又吸收了外来文化的精髓，在互联网这一工具的助力下，正在形成属于我们自己的文化。

“95后”大学生群体，也会深度思考！

没有穿越、没有超级IP、没有小鲜肉的反腐正剧，《人民的名义》理应离年轻人很远，根本无法成为“爆款”，更别说掀起全民观影热潮。然而，现实却与之截然相反，为什么呢？据《南方日报》针对追剧的“90后”年轻人的调查显示，六成人认为此剧“大尺度反腐，还原了一个真实的反腐生态，可以照见现实，引发人们深思”。

为什么他们会如此追捧《人们的名义》，因为这不仅仅是一部反腐剧，更是一部极其真实的现实主义题材的大剧。当侯勇饰演的一个外表极其朴素、低调的贪官被查出贪污了2亿多人民币时，他们除了感叹老戏骨的精湛演技外，更多的是对这一非典型贪官形象的感叹。这部剧，塑造的人物形象十分真实，没有之前饱受诟病的脸谱化倾向，而是十分饱满、客观地刻画出一个个有血有肉的人物。而这样的写实，正是他们想要的。他们又不仅仅是局限于追剧，而是会关注对这部剧的深刻解读。在大学课堂上，已经有不少大学生展示了自己对于这部剧所反映的社会现实的思考；在各大大学生群体聚集的网络论坛，有众多关于这部剧的讨论。《人民的名义》受到广大“95后”大学生群体追捧的背后，正是“95后”对于目前中国的现实社会、对于中国反腐败斗争、对于自身命运的深度思考的具象化的表现，是我们对目前所思所想的最真实的呼应和反馈。

习近平总书记曾说过：“现在高校学生大多是‘95后’，再过两年，新世纪出生的青少年也将走进高校校园。他们朝气蓬勃、好学上进、视野宽广、开放自信，是可爱、可信、可为的一代。对当代高校学生，党和人民充分信任、寄予厚望。”总书记对于“95后”的寄语，证明了“95后”不是垮掉的一代，不是不爱读书、不爱思考、不问政治、不关心国家社会的一代，他们具有高度自信，他们会深度思考，他们也关心着政治大事，关心着国家社会，只不过，这一切的一切，都会以我们“95后”大学生所特有的方式表达出来，会以“95后”的名义来证明，以实际行动来体现！

《箭士柳白猿》——民国武者的命运与归宿

赵芳泽

[山东大学(威海)商学院 2014 级人力资源管理专业学生]

2015 年 3 月,在众多好莱坞大片、国产爱情喜剧的光环背影下,《箭士柳白猿》悄然上映了。

《中国日报》这样评价道:“从《倭寇的踪迹》悄悄立起新派武侠的山头,到去年被影迷大呼过瘾的《师父》,再到今年返璞归真的《箭士柳白猿》,徐浩峰用三部导演作品实现了追忆民国武林的远大抱负。”

“如果要举一个例子的话,那么就是《师父》里面的耿良辰像是曾经的李小龙,热血,激情,一往无前,不顾一切,盘肠大战也在所不惜,而柳白猿则更像是聂隐娘,踩着灵猫一样的脚步,稳稳地行走,隐藏自己的锋芒,一旦出手就是见血封喉,绝不容情。”

这个电影是内敛的,它安静地娓娓诉说一个武者人生的辉煌与波折;同时它又是张扬的,一招接一招让人窒息的搏杀,那些如棋盘博弈般于无声处听惊雷的谈笑间生死立断,两种矛盾的气质有机地结合在一起,令人感到动容。

武侠武侠,何为武侠?行走于世间的武者当有侠义豪气,这才是具有深刻意义的作品。武者也是凡人,不像是金庸、古龙小说中的各式大侠那般快意恩仇与潇洒,抑或是奇遇连连令人称羡,他们的处境现实而又逼仄。

“命运”一词玄之又玄,古人谓之“不可说”。昔时皇朝总忌讳“侠以武犯禁”,而在民国时期,武者则有了更多的悲哀。说是宿命也好,总归逃不过历史的洪流。

电影中有一段箭与枪的对决，表面上匡一民最终落败，但其实两个人都是失败者。匡一民与柳白猿、正义与邪恶的边界并非那么明显，有的只是内心和事业的交锋罢了。

在故事的最后，匡一民离开了，而柳白猿从此隐匿。他发现即使武艺高超，却依然有那么多做不到的事：不能为姐姐报仇，不能融入时代，甚至也不能拥有爱情，穷尽人力，还是有很多事情遥不可及。

这大概是武者的悲哀，也是那个时代的悲哀。

国难当头，乱世烽火起。身处那段风雨飘摇的历史环境，即使是侠客也不能幸免。

观《风声》有感

袁馨仪

[山东大学(威海)商学院 2016 级会计学专业学生]

“只因民族已到生死存亡之际,我辈只能奋不顾身,挽救民族于万一。”

不知道为什么,我会在一个春末的晚上想起这部电影,并把它完完整整地看完。结尾的最后,我被这个“万一”深深地触动。在仿佛整个黑夜里就仅剩下朦朦胧胧微弱的荧光的时候,就是因为有这样的一群人,他们奋不顾身地抓着光影的存在,不惜用身体和光合二为一,让这一点点光变得更加通彻透亮,直到普照华夏大地。

故事发生在 1942 年,抗战后期,北平。共产党针对日军及伪政府的攻击行动接连发生:日军后勤基地遭到破坏,高级将领遭暗杀,汉奸头目被就地正法……北平内外,一片风声鹤唳。日本军部颜面无光,发誓在最短时间内弭平局势。根据线报,日军得知有奸细藏在汪伪政府直属单位“华北剿匪司令部”里。在“剿匪司令部”特务处长王田香的协助之下,武田展开反制:首先制造一则假情报,引诱代号“老枪”的地下党分子现身。随后被怀疑的五个人被囚禁在山庄中。

我印象最深刻的场景是在大牢里,吴大队用手语示意顾小梦:“我是老枪,我命令你举报我。”一个人的牺牲换来另一个人的生存,即使知道必然会牺牲,吴大队也没有退缩。二人在阴暗潮湿的地牢里紧握着充满污渍与血迹的双手。当镜头扫向顾小梦,她的眼神饱含深意,既是痛苦又是无奈,既有不屈的光芒点点,又有面对同志即将惨烈牺牲的无助。此时的沉默,胜过千千万万撕心裂肺的呐喊,胜过无数口号般的宣言。最后,顾小梦这个真正的“老鬼”，仍是未能逃过日军的追捕。不得已，她决定用自己的生命来传出情报。她拜托好友李宁玉揭发她，随后受尽非人的折磨，即使在家人被威胁时也没有屈服。被杀害之前，她把情报缝在自己的内衣上，借着自己的尸体把情报送出。

几年前，我纯粹是被它豪华的明星阵容所吸引，并没有懂得这部电影的意蕴。今天，我开始思考，为什么当年中国穷得只能吃黄土的时候，帝国列强就开始提出“中国威胁论”。我开始理解为什么当国内还不富裕的时候，会大量投入资金来修建高铁，会去援助那些弱小的国家。我开始明白这些都是中国对未来的思量，是中国呕心沥血的血肉重铸。我开始仔仔细细地看待在那动荡年代里，那批为国家“奋不顾身，挽救于万一”的人，那些从清末就开始探索新道路的革命先烈们。历史长河，泱泱大国，我们历经了太多列强侵掠、内战纷扰。身处在太平盛世的我们，难以想象那个到处一片黑暗的时代，人们经历了怎样的流离失所。毫不夸张地说，今天的和平之路，今天的富强之路，是无数的先辈用他们的尸骨血肉铺出来的，他们以小我成就了民族的伟业。

“消息是否传出，成败就在今日。我不怕死，怕的是爱我者不知我为何而死。我身在炼狱留下这份记录，只希望家人和玉姐原谅我此刻的决定。但我坚信，你们终会明白我的心情。我亲爱的人，我对你们如此无情，只因民族已到生死存亡之际，我辈只能奋不顾身，挽救民族于万一。我的肉体即将陨灭，灵魂却将与你们同在。”

敌人不会明白，老鬼、老枪不是一个人，而是一种精神、一种信仰。

扬我中华,壮我华夏

——观《辛亥革命》有感

王文靖

[山东大学(威海)商学院 2014 级会计学专业学生]

当轰轰烈烈的洋务运动失败之后,当转瞬即逝的戊戌变法落幕之时,近现代的华夏文明在炮火声中饱受了刀枪铁骑的践踏。在硝烟与战场中,冲锋陷阵的英勇战士用血肉之躯攻克的是一寸又一寸的封建枷锁。而破败斑驳的城墙之内,蒙昧无知的平头百姓冷眼作壁上观,个个苟且偷生,将这封建堡垒一尺又一尺地加高加固。

不难想象,革命的道路无疑是曲折艰辛的。却也因了这艰辛曲折,在闭塞的深渊边苦苦挣扎的中华民族在经历一场浩浩荡荡的革命洗礼之后,褪去了沉重的枷锁。五千年的帝王专制转瞬分崩离析,我们所抛开的不仅仅是一条条单薄的长辫抑或一袍袍古朴的马褂,而是华夏民族的觉醒。

辗转在历史的缝隙里,前赴后继的凌云少年满怀一腔豪情踏上万里征途,为着国之多舛命途,以死明志、慷慨就义,用鲜活生命祭奠出一场盛大的寂静告白。

纵观这悠悠中华,浩浩荡荡上下五千年,每次如同绝响般振聋发聩的历史巨变,总是伴随太多难以避免的惨烈牺牲。徐锡麟被杀、秋瑾被俘、彭楚藩等被抓、黄兴揭竿而起、林觉民与妻诀别……这些可敬的革命先驱者,他们青春年少却胸怀大志,何为大势所趋,何为民族所益,他们看得再透彻不过。死亡并非不足为惧,活着更非不足为惜,但为家、为国、为革命、为信仰牺牲,死而无憾,自这一刻早已升华了生死之限。他们青春正好,他们勇往直前，他们无畏漫漫革命征途，他们奔向浩浩历史长河，终究成就了革命，成就了中华的蜕变。

他们成了这青史上难灭的不朽。

然而无论身处何时何地，理想主义者都注定是一场在劫难逃的悲剧。烈日骄阳总被乌云掩去，铁血柔情尽数献给了烽火三月。这些早已将生死置之度外的革命英魂，除了满腔热血与救亡图存的意志外，仅有一封封泣血而成的绝笔家书。这些飞蛾扑火壮烈逝去的青春年华，灰烬埋葬在漠漠黄沙里，洋洋洒洒，铺了这漫天遍野茫茫一片，历史的车轮滚滚而过，不过转瞬。

可这悲剧荡气回肠。一曲高歌长留心间，一声号角永驻心头，即便转瞬也能摧枯拉朽，不枉戎马一生鲜血流尽，自是横刀向天去，轰轰烈烈岂不快哉！

如今黄土掩埋了腐朽，古城断送在枪炮。历史没有留给我们血雨腥风的生活，没有留给我们戎马疆场的机会，那么我们就该以新的方式开拓进取，去寻找利国利民的新道路。豪言犹当在耳："我们一同举事，一同赴死。大清索我的命，我诛大清的心！"逝者已矣，而志长存。

我们呢？

宁为风雪客，不作深闺人。扬我中华浩浩国威，壮我华夏锵锵正气，一切都不算早，一切也都为时不晚，愿与君共勉。

电影《红海行动》观后感

宋春林

[山东大学(威海)商学院2016级电子商务专业学生]

《红海行动》是根据“也门撤侨事件”真实改编的。2015年,中国军舰“临沂号”在返航途中接到任务,非洲北部伊维亚共和国发生政变,当地恐怖分子以武装力量攻入首都,威胁到了当地上百名华侨的生命安全。于是,中国海军“蛟龙突击队”8人小组奉命执行撤侨任务,突击队兵分两路进行救援,但不幸遭到伏击,造成人员伤亡,最终在粉碎叛军武装首领的惊天阴谋中惨胜。

有人评论说:“我可以睁着眼看完恐怖片,却没办法睁着眼看完《红海行动》。”也有一些人不喜欢《红海行动》,是因为其中许多镜头过于血腥残忍,但战争往往就是如此残酷。

《红海行动》为我们揭开了战争真实的一面:一旦战争开始,必定生灵涂炭,民不聊生。被绑上炸弹的平民眼中别无选择的绝望,罹难者断指上依稀闪着银光的戒指,被战火风沙侵蚀的衣服里珍藏的微笑,如阳光般明亮的军装合照……一幕幕如此真实,真实到没有人不能感同身受,没有人不能体会到那种椎心泣血的凄惶与哀凉。

在《红海行动》里,没有“永远不死”的主角光环,英雄也是会流血牺牲的。开场的罗星,因为手臂受伤永远无法做狙击手了;通信员庄羽历经折磨连接好通信设备,还是牺牲了;医疗兵陆琛被捡起的手榴弹炸掉了一条胳膊;石头被打烂了半边脸、打穿了脖子……这个8人小队,到最后两死一重伤。值得一提的还有影片中两位女性角色,她们不再是陪衬或者弱者。战地记者夏楠为了一份毕生与恐怖分子斗争的信念和愿付出一切在所不惜的刚烈决绝，即便卷入最惨烈的血战，亦有毅然举枪的果决勇敢；蛟龙队队员佟莉更是在枪林弹雨中浴火而行，与队员的掩护配合及救人质撤出时对他们的保护安置，也尽显其独当一面的才能气度。

《红海行动》完全没有表现个人英雄主义，也没有煽动观众情绪的贸然英勇。在片中你能看到，无论是战术还是情感上的完美配合，对队友的充分信任，对自己肩负责任的全面担当。这才是一支高素质军队所拥有的能力。也正是因为有这份默契，才完成了沙漠抑或城市间海陆空的一次次战斗。

和平的背后是无数像他们这样平凡又伟大的英雄用身体血泪堆砌的长城，前仆后继，死而后已。它也让我们深刻地认识到，生在一个安稳的社会、和平的国度，是一件多么幸运的事。

《红海行动》没有着力表现“犯我中华者虽远必诛”的铁血豪情，而是特别硬气地告诉每个中国公民：“无论你在世界何处遇到危险，我都会带你回家。”

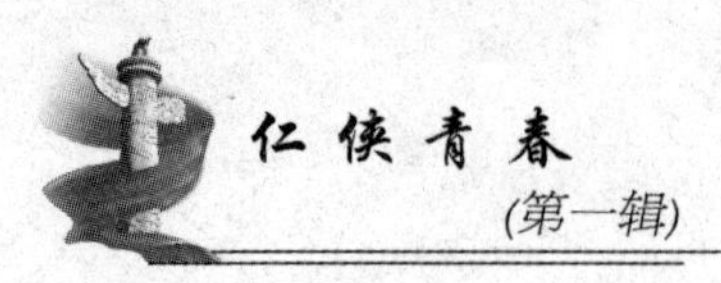

有感于两男子穿日军军服作秀被刑拘

林宇辰
[山东大学(威海)商学院2017级金融学专业学生]

2018年2月20日晚,有网友声称看见两名穿着日本军装的男子站在南京紫金山上的邵家山碉堡拍照,这让笔者不禁产生愤愤之情,由有所感纵笔写下此文。

卢梭曾言:“人生而自由,但无往不在枷锁之中。”诚如是,我们往往对前半句念兹在兹,却忽略了后半句对自由与道德的辩证思考。故笔者以为,两名男子的行为极为不妥!

或有人言:两名男子的行为并未危害他人生命财产,我们不过是站在舆论的制高点上,以某种道德绑架的方式对其进行居高临下的审判,孰能无异,何可一之?看似与事实真相不分轩轾的言论实则大谬不然!两名男子的行为出于一种猎奇求异的心态,对那些死去的烈士们造成了极大的不尊敬,显然,违背了人们的普世价值,僭越了人们心中的道德准则,不利于真善美的弘扬与发展。我们每个人的行为既是自身修养的外放,也是内在灵魂的自修,如此恶意的行为,体现了他们心中对历史乃至传统美德的庸常短视。当社会的参差搓揉着那个年代最为宝贵的记忆,笔者不由得感到一种悲哀,若是姑息这种“恶的萌芽”,说不定会出现更多的精神失陷者持续着彼岸何处的彷徨,倘若整个社会都对此类行为表现出一种“惰性”的习以为常,那前辈的牺牲所换回的幸福生活将了无意义,三十万忠魂,将无处归家,令人惜之痛之。

朱光潜先生在《谈美》中曾指出:“不要用屋后的一园菜压倒屋前的一片

海景。”笔者深信，这件事情仅仅是个别行为，但我们必须为之警惕。在这个繁弦急管的时代，在这个被按下快进键的社会，似乎道德的界限在被逐渐地淡化，这好比荣格笔下某种“集体无意识”，拿玩笑的皮尺去丈量历史的意义仿佛成了华人挥之不去的阵痛！诋毁雷锋、狼牙山五壮士的此类事件频频发生不由得给我们敲响了警钟！我想，或许这个时代不乏振臂高呼的谔谔之士，却缺少了在人性里的涓滴成流。人既是遗世而存在的个体，也是最小的填充着社会构架的分割实体，社会的美好需要我们每一个人的善举，而心存着对历史的敬意更是为了整个集体的福祉。

或许，两名男子的行为也并没有更加深层的意义，他们的心里或许还留存着对先烈的敬意，但决定我们是谁的是我们做了什么，而不是我们心中藏着什么。每个人年少时都希望自己能够快意潇洒于世，在万千瞩目之下留下自己或深或浅的痕迹，但我们所做的无不受限于自身的仁心，真正的自由在方寸之中才有所借，唯有仁意的侠道，才有着其独一无二的魅力。

要想真正杜绝此类行为，不是靠着一纸空文，也不为空若悬河的呼吁，打破对历史猥琐褊狭的囹圄，不仅需要个体意义上的“摆脱冷气”向上流动，也需要社会层面的整体提升。根据新华社报道，2 月 22 日下午两名男子已被警方控制，并分别处以刑事拘留 15 日，以不姑息的态度对待此类事件，或许就是一种积极的风向标。贞下起元，利有攸往，如此方可成就中华民族之乾坤朗朗清清。

愿道德意识的荒漠能嬗变为停僮葱翠的森林，愿民族精神能如荞麦般生长在无垠的社会厚土上。

致敬英烈

——记《英烈保护法》全票通过

付明远
[山东大学(威海)商学院 2017 级会计学专业学生]

2018 年 4 月 27 日,十三届全国人大常委会第二次会议全票表决通过《中华人民共和国英雄烈士保护法(草案)》。英雄烈士的姓名、肖像、名誉、荣誉受法律保护,禁止歪曲、丑化、亵渎、否定英雄烈士的事迹和精神;宣扬、美化侵略战争和侵略行为,将依法惩处直至追究刑责。而且,其相关说明还指出,法案保护的范围,重点是"中国共产党、人民军队、人民共和国历史上的英雄烈士"。

从 1840 年到 1949 年,中华大地上发生了太多血与泪的悲剧。在中国从半殖民地半封建社会逐步走向一个独立的东方大国的历史进程中,涌现出了无数英雄。将马克思主义带到中国土地上的李大钊、用生命的代价掩护战友的狼牙山五壮士、为革命英勇献身的刘胡兰、用身躯开辟前行道路的董存瑞、在上甘岭掩护进攻的黄继光……方志敏、江竹筠、邱少云、雷锋……太多太多的名字,背后是为国捐躯的故事与对祖国和人民的无比赤诚。没有这些英烈,怎能有我们今天和平安定的生活?我们今天所享受的全部和平与尊严、所拥有的所有富足与安全,无不源于英烈的牺牲。没有他们,历史将黯然失色。没有他们,今日我们依然羸弱。英烈的牺牲,既是我们站起来的根基,又是我们走向未来的宝贵精神财富和伟大动力。中国人民应该永远铭记为革命牺牲生命的英烈,为中国这个用热血抗争、用不屈书写历史的泱泱大国感到骄傲,为自己是个中国人而感到骄傲。

但是，曾几何时，历史虚无主义何其嚣张，它们横行于网络，肆意污蔑英烈，董存瑞、黄继光、邱少云、杨子荣、雷锋，他们一个都不放过。党的十八大以来，国家大力整顿网络，致力于营造清朗的网络空间，关闭、查处了一些散布虚假、错误思潮的网络账户，遏制了思想界污泥浊水的泛滥。而今，《中华人民共和国英雄烈士保护法（草案）》颁布实施，则以立法的形式守卫英雄的荣誉。这是保护民族的脊梁的煌然壮举，让我们看到了正义必胜、人民必胜信念的落实！

爱国是所有中国人的共同情感！英烈的最高追求和最终目的，是民族振兴和人民幸福。正因如此，我们不仅要永远感恩革命先烈，更要铭记今日的和平来之不易，铭记历史，不忘初心，团结在一起，凝聚在一起，继续前进，早日实现中华民族伟大复兴的“中国梦”。

为复杂的问题找一个简单的答案

穆　沛

[山东大学(威海)机信学院2014级通信工程专业学生]

初看题目,会觉得很有意思吧。

日常生活中,我们的身边充斥着各种各样复杂的问题:各种人际关系,比如同学关系、男女朋友关系、师生关系……各种不愿却不得不做的事情,比如上课、写作业、考试……这些随便蹦出一两样来,往往会使我们焦头烂额。怪不得有人说:人生来就是为了受苦。

这也就难怪你看到题目(可能)会特别高兴,心想:作者是要教我怎么用一个简答的答案来回答生活中各种各样复杂问题,给我一把人生的金钥匙为我打开种种人生阻隔的大门吧!

很多时候我喜欢从数学里来寻找事物发展最根本的原因(对数学这样一个最最复杂的问题始终保持恐惧心的同学可以绕道了)。

以最简单的情形,“复杂的问题”这个概念我们可以描述成一个齐次的N阶多项式,阶数对应着问题的N个方面(或者N个维度,如果这样对你来说更好理解的话):

$$a_0+a_1x+a_2x^2+a_3x^3+\cdots+a_nx^n=0$$

当然,最简单的选择是使$x=0$或者1或者其他什么你喜欢的数字。这样的结果是正确的情形只可能是$a_0=$你喜欢的那个数字。可能性大概有多少呢?大概是1/实数的总个数吧。

稍微思考一下我们面对这个问题,然后给出一个特殊解(一个特殊的x值满足方程),这样就可以满足这个复杂的方程、复杂的问题吗?不绕圈子了，它的解其实是要有 n 个或者你要给出一个通解。更何况我们在生活中永远不可能遇到类似像齐次方程这样简单的问题（这一点我可以保证），而经常是这样的：

$$a_0+a_1x+a_2x^2+a_3x^3+\cdots+a_nx^n=b_0+b_1y+b_2y^2+b_3y^3+\cdots+b_ny^n$$

乃至更复杂。

我们绞尽脑汁给出的解决办法甚至无法与这复杂的问题形成映射！现在就可以明白我们奢望以一个简单的答案来解决复杂的问题是多么天真的想法了。

把刚刚我们那个极其不规范的证明放到一边（文科同学们可以继续回来看了，如果还有兴趣的话）。

那么我们在面临极度棘手或者复杂异常的问题时应该怎么办呢？我可不是为了告诉你：瞧，不管怎么着我们都没法找到正确的解决办法，就好像我们无论如何也不能给上面那个复杂的 N 阶多项式求出一个正确的解一样。既然这样，不如直接放弃好了，还省得动脑子。

当然不是这样！对于上面那个式子，我们给不出正确答案但是可以有一个最优解，至少是局部最优解。面临困惑与纠结，我们无法预测怎样做是正确无误但是可以想一个最好，至少是就目前条件而言最好的解决办法。

当我们不可避免地面临忧愁、恐惧、愤怒、后悔时，我们可以使自己尽量从负面情绪中挣脱出来，想想下一步怎么办才好。而不是像鸵鸟那样把头埋在沙子里，或者一个劲地安慰自己"没事的，就算这样了也没什么"——这只会使本可挽回的局面越来越糟直至"沉入万劫不复的深渊"。

现在，我们再重新来思考一下"为什么我们更乐于为一个复杂问题找一个简单答案"这个稍显复杂的问题吧。有点绕吗？权当是对之前我们得出的结论进行练习与巩固吧。

首先，我们更喜欢简单。喜欢简单的过程，喜欢简单的答案，喜欢做简单的事（这也一定程度上解释了为什么大多数人喜欢做擅长的事，因为它们很简单）。那么为什么喜欢简单呢？因为它很容易。为什么我们喜欢做容易的事呢？因为懒惰，思维的懒惰。

话已至此，已经说得很明白了。结论也就显得没有必要了，不是吗？我更希望给你一个思考的空间,想想上面我们的讨论对不对,想想自己是不是习惯性地放弃了“思考”这神奇伟大的能力。我想你会更乐意从过往的经历中发掘属于你的真实的例子来证明思考的必要性与懒于思考所带来的糟糕后果。

我希望我们都可以理智地思考,包括方方面面:当看到新闻、网络消息时,我们能想想这消息是谁传播或者是谁促进传播的,他们是为了什么;当面临困扰或者麻烦时,我们能想想是什么造成目前的困境,该怎么做才能脱离困境……

要永远记得简单的答案不可能回答一个复杂的问题,不要相信简单的答案——不管是自己想到的还是别人给的。

不要把自己沉浸在折磨自己的负面情绪中,折磨自己往往很容易,而我们却不可能通过折磨自己把问题解决。

最后,千万不要轻生。如果非要给个证明的话——因为放弃永远是简单的答案,而放弃自己的生命是这里面最简单的。我们都知道简单的答案不靠谱,不是吗?

路

李聪聪

［山东大学（威海）机信学院2014级电子专业学生］

“你是谁？世界从何而来？”晚上，躺在床上，很累，已经没有精力去翻看从图书馆借来的《红与黑》，却倏尔想起曾经看过的《苏菲的世界》里的这句话。近来几个晚上，难以入眠，不得不听着“催眠曲”——英语听力来抵制自己的胡思乱想……

时光太窄，指缝太宽。转眼间，已经到了2016年，草木繁枯又一年，一春一夏，感觉一切都没有变，而一切都已经不一样了。想起校内拐弯处的那树花，或含苞欲放，或花枝招展，或静待寒冬，而我看到它，总会默念一句，一树繁花，一世繁华。因为即使寒冬，我似乎也能看得到它一树繁花的景象，即使光阴荏苒，它还是默默地守在原地，静静地一树花开，年复一年。而人是多么的不一样，人，永远在路上，较之于花，这是一种自由吗？抑或是走得太远，曾经的那些会成为现实的羁绊？

朦胧中，好像看到过去那个要强的自己还在，初入大学，什么也不懂，沉默，不等于自我封闭，只是还没有适应，无法原谅自己曾经的失误。都说“自己选的专业，跪着也要走完”，虽自己现在还没有绝望到要靠这句话来打鸡血，但人生之路，荆棘丛生，而我选择坚持，走出一条属于我自己的路。

当记忆越来越清晰，越来越无法摆脱，我似乎清楚地看到了一直以来默默努力的自己，比起那些“大神”来说，毫不起眼，但“天生我材必有用”，优秀需要被重新证明。课堂上，你看得到我专心听课，认真记笔记的神情；课下，你听得到我积极问问题，偶尔还会与老师争辩的声音；图书馆里，你看得到我认真做题、看书时端正的身姿；自习室中，你看得到考试月我复习备考时的努力……俗话讲，现在不努力，你将来会后悔的。还记得高中开学典礼上吴国平校长讲的那句“从百年校庆，从优秀到卓越”，作为百年校庆后的第一届学生，现在的自己还对得起这句话吗？还记得高一时班里装有全班纸条的玻璃瓶以及学校的活动“写给十年后的自己”，现在的自己还对得起曾经那个的自己吗？张小娴新出了一本书《你会想念自己吗》，我想我只是觉得有些对不起曾经的努力，那个要强的自己……

正如冰心所言：“成功的花，人们只惊慕她现时的明艳，然而当初它的芽儿，浸透了奋斗的泪泉，洒遍了牺牲的血雨。”

让自己忙一点，忙到没有时间去思考无关紧要的事。时间不一定能证明很多东西，但一定能让自己看透很多东西。坚信自己选择的路，不动摇，使劲跑，明天会更好！

在网络时代呼唤仁侠精神

鲁书伶
［山东大学（威海）商学院 2016 级会计学专业学生］

随处可见的低头族，充斥着明星八卦新闻的微博热点，刷不完的朋友圈……身处其中，我能感受到这个时代微妙的变化——看似忙碌的人们和无处安放的焦虑。

我常常分不清是我们在使用手机，还是手机奴役了我们。现在大多数时候，反而是形式决定内容，媒介的变化反而主导了我们的表达、处事甚至思维方式。网络媒介的普及使得话语泛娱乐化，搞怪的表情包代替文字，140 字成为普遍的阅读上限；网络的即时性使得任何事件都变得稍纵即逝，一场惨绝人寰的灾难后，可能就是举国欢庆的节日，画面再转换，有可能是插科打诨的段子。临时代替了永久，情绪替代思考。有热度的总是吸引眼球的戏码，毫无内涵却能赢得关注焦点，而真正的思想、品质、精神却鲜有人问津。

其实，层出不穷的网络热点，鱼龙混杂，其背后反映的是人心中没有稳定的信念支撑，所以容易被一拥而上的事件裹挟着大谈特谈而不知所云。求快，消费，盲从。吸引眼球的新闻成为头版，轰动性的标题比比皆是，读完一篇文章都来不及，更遑论细细揣摩文字背后的深意了。这样快速消费的时代，每个人都有无可反驳的话语权，每个人又迷茫得不知方向。于是立场现行，迎合情绪，浅度思维，娱乐至死。

如今，似乎孔子的箴言已被束之高阁，简短激烈的言辞大行其道。那么，这个时候，我们还相信什么？时间和经历会检验真知，无数的观点经过

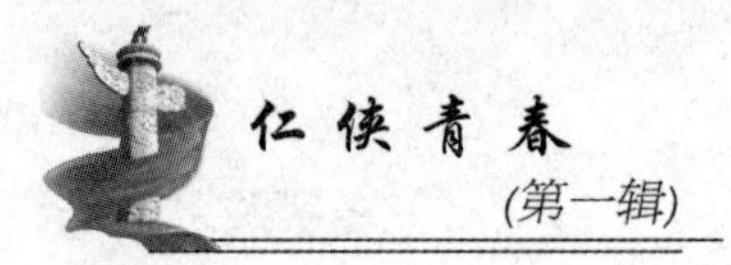

大浪淘沙,留下的是值得一以贯之的精神。我相信仁侠精神就是其中之一。“仁”是儒家“仁义礼智信,温良恭俭让”的“仁”,“侠”是慷慨正义的侠义之气。我所理解的仁侠青春,是传统美德和正直品格与青春热血的碰撞、交融,进而创造出新时代的仁侠精神。网络媒介的开疆扩土并不能使仁侠精神式微。快速刷新的头条和不断闪动的屏幕,往往只会暂时遮蔽部分,精神的力量深沉有力,经得起考验,如大河浩浩汤汤源远流长。它早已融入我们的血脉。

事实上,网络时代并不缺少仁侠精神。譬如以书信打开历史、展现中国文化精神脉络的《见字如面》,或是将值得尊重的生命和值得关注的人完美结合的《朗读者》……这些节目借助互联网媒体,包容多元的价值观,阐释着新时代的文化情怀。我很喜欢他们站在台上温文尔雅、落落大方的模样,喜欢他们谈吐间展示的知识与素养,喜欢他们款款道来的优雅与气度。这些都是仁侠精神在多元化语境下德厚流光、与时俱进的表现。

当下大学生的仁侠精神,还应该包括独立思考的能力与自觉。作为大学生,我们是推动网络流行的生力军,更是新一代有担当、有思想的青年。诚然,以微薄之力,我们难以完全达成“为天地立心,为生民立命,为往圣继绝学,为万世开太平”的宏大使命,但是我们不应该做网络时代“无思”的庸众。试想,当人人都顺应网络时代里个人言论娱乐化、责任意识淡薄的“潮流”,那么,道德的标准由谁来践行,更高的理想由谁来实现?我们通晓各类星辰到地球的距离,熟记教科书上的严格定义,却难以知行合一,难以有一个正直完善的人格,这难道不违背高等教育培养一群有现实关怀和批判精神青年人的目标吗?

网络不应该成为无形中主导思维的力量,而应该是一种传播仁侠精神的新媒介。借助网络,“战狼热”能持续,“二十二”的悲剧唤醒良知,更多人自发传承发扬正能量。因此,恐慌和悲观情绪大可不必。流动、自由的网络文化空间塑造了更大自由言论空间,自由的言论又为自由思想提供空间。一切都在分散重组,这并不意味着严肃的事物受到了亵渎。相反,以前封闭禁锢的打开了,网络提供展示真实想法的平台,每个人能平等自由地表达,而这些表达也在潜移默化地影响着世界以怎样的面貌呈现在我们面前。

无处安放的焦虑和危机感大概来源于快速变化带来的不确定感，这与我们千百年来稳定平和的传统习惯相悖，所以网络时代的我们，忙碌且迷茫。但光怪陆离的网络时代，精彩的永远不会是眼球经济，而是生生不息的伟大精神。如何在网络时代呼唤仁侠精神？我想答案是回归。回归常识，回归初衷，回归精神生活本能的对更高价值的追求。

你的闲暇往往定你的未来

赵若杉

[山东大学(威海)数学与统计学院 2015 级统计专业学生]

“一个人成就怎样,往往靠他怎样利用他的闲暇时间。他用他的闲暇来打麻将,他就成了个赌徒;你用你的闲暇来做社会服务,你也许成个社会改革者;或者你用你的闲暇去研究历史,你也许成个史学家。你的闲暇往往定你的终身。”胡适于 1932 年写下的一篇鞭策大学毕业新生的文章,一句“你的闲暇往往定你的终身”,似是给我以当头棒喝,使我有一种醍醐灌顶之感。

现代人的生活总是忙忙碌碌。纷纷扰扰的红尘中,时间好似被程序化,奔波占据着人们一天中的大部分时间,而闲暇总是显得可望而不可即。即使我们有了空闲的时间,却总误以为有大把时光去挥霍,刷刷微博,逛逛朋友圈。滴答,滴答,古老的时钟敲出时间的流逝,一时的满足感消失,接踵而至的是更深的疲倦感和空洞的茫然感。

西塞罗说:“闲暇不是心灵的充实,而是为了心灵得到休息。”然而,试问微博、朋友圈等等这些时间杀手到底是心灵的休息所,还是浮躁的滋生坊呢？一个没有只属于自己的闲暇时光的人,自然就没有自己的生活。

梁实秋的一本散文集书名唤为《闲暇处才是生活》,书中第二卷收录了梁实秋先生《漫谈读书》《下棋》《喝茶》《饮酒》《书法》等多篇颇有生活气息的随笔,娓娓道来的不过是梁翁闲暇处的小事,却徐徐动听地演奏出梁翁闲暇时光的雅致。

被网络充斥的今天,很多人太过于浮躁,太过于缺少属于自己心灵的闲暇时光。试想一下,如果一个人 8 小时工作时间以外,只是用手机上网聊天，刷刷微博，那么按每天虚耗8个小时来算，一年就虚耗掉了122天；以30年来算，就等于虚耗掉了10年的光阴。然而工作的8小时以外做什么才会决定你是谁，英国著名摇滚乐队Queen Band的成员布莱恩·哈罗德·梅，作为CBE勋爵、世界著名吉他手、作曲家、天文学家、著述家，他获得了天体物理学博士学位，又是一位摇滚巨星，他的人生被天文和音乐两个元素交织得五彩斑斓。我一直都觉得很难说是闲暇时光成就了他的音乐梦，还是闲暇时光成就了他的天文梦。但无论怎样，可以肯定的是，在他人生的每一阶段，都是由闲暇时光的专注成就了他下一个阶段的辉煌。

“你的闲暇往往定你的终身。”在闲暇时光寻一门爱好，或是习一门技能吧，让格式化、平淡无奇的生活因闲暇时光的美好而灿然一新。

生态雄安筑起绿色"中国梦"

张　佳

[山东大学(威海)商学院 2016 级金融学专业学生]

2017 年 4 月 1 日下午,新华社发布通稿,公布了中央决定设立雄安新区的消息。雄安新区横空出世!"党中央的重大历史性战略选择,千年大计、国家大事"的标签彰显了它的与众不同。随着 2018 年 4 月 21 日规划纲要的发布,这座未来之城的神秘面纱也正在被慢慢揭开,一个绿色科技新城的面貌渐渐立体起来。

也许众人对它的初印象,还是大片大片芦苇荡的白洋淀,还是少年爱国的小兵张嘎,更是处在发展落后的河北省保定市的落寞县城。对雄安而言,经济落后恐怕并不是发展中遇到的最大难题。因为只要有政策的支持、资金的涌入、人才的努力,一切将是崭新的模样。这不是高谈阔论,因为已经有深圳特区、浦东新区的样板。非常重要也是特别要注意的问题是不断恶化的生态环境。一旦美好环境不复存在,百倍万倍增速的经济发展也无济于事。

近年来,京津冀地区似乎已经成为"雾霾"的代名词。环境不断恶化是对粗放落后的经济发展方式最直接的惩罚。这也着实给雄安的建设带来了一定困难。雄安由以旅游业为主导产业的安新、以塑料业为主导产业的雄县、以服装业为主导产业的容城组成。塑料业和服装业在生产过程中会产生废弃残渣、排放污水,白洋淀水质甚至有过劣Ⅴ类记录。最关键的是,三县的经济大多数是小作坊的形式,缺乏保护环境的意识,更缺乏管制。周边环境的影响和雄安既有经济发展方式都使得环境问题的解决迫在眉睫。

正因如此，党中央在雄安发展定位中将“绿色生态宜居新城区”提至首位，要求新区建设坚持生态优先、绿色发展，贯彻“绿水青山就是金山银山”的理念，并在规划中强调城区的空间布局、自然环境、绿色科技等方面的发展，要求构建蓝绿交织、清新明亮、水城共融、多组团集约紧凑发展的生态城市布局。

这也是首次在新区建设中对生态建设如此重视，足见我国在经济转型中已经明确意识到环境保护的重要性。从雄安开始，打造“雄安质量”，成为全国城市发展样板，进而将生态保护加以推广。这是“坚持人与自然和谐发展”的印证，是可持续发展观的落实，是新发展理念的践行，是“中国梦”中必不可少的绿色生态梦的重要组成部分。

习近平总书记表示，“中国梦”的核心目标是“两个一百年”，而实施手段是政治、经济、文化、社会、生态文明五位一体建设。“五位一体”，意味着生态文明建设被提至与经济同样重要的程度。“中国梦”是每个中国人的梦，是强军梦、富国梦、航天梦等的结合体，在这其中也许最不起眼但最为重要的是绿色生态“中国梦”。环境是人们赖以生存的基础，是我们共同、失而不可复得的家园，绿色生态发展一定要实现。“绿色雄安”的建设就是要奠定保护生态的基础，雄安规划纲要中更是处处体现“绿色雄安”的主题。我们看到“美丽中国”建设征程已经昂首起步，“美丽中国”画卷正在强劲铺开。

青岛，倾倒世界

李　威
[山东大学(威海)商学院2016级物流管理专业学生]

2018年5月28日，外交部部长王毅在外交部举行的中外媒体吹风会上宣布，上海合作组织成员国元首理事会第十八次会议将于6月9～10日在山东省青岛市举行。齐鲁大地的8分钟的宣传视频一出，瞬间惊艳了全世界的目光。

论景色宜人，泰山巍峨耸立，黄河万里奔腾，“三孔”享誉全球；灯火辉煌的台儿庄，山光海色的崂山风景名胜，历史积淀的刘公岛；观济南汩汩清澈的趵突泉，赏蓬莱扑朔迷离的人间仙境，闻菏泽争奇斗艳的贵妃牡丹。

论文化底蕴，山东素有“文明之乡，礼仪之邦”的美誉。斗诗歌，读《论语》，兴礼乐，几千年以来传承和发展的儒家文化使得山东形成一种独特的文化品格，“孔孟之乡”更是成了山东对外交往的一张熠熠闪光的名片。

论经济发展，2017年，根据福布斯中国发布的中国大陆最佳商业城市排行榜中，山东青岛超越杭州和成都，GDP突破1.1万亿，位列总榜第9！在“一带一路”规划与建设中，青岛更是被定位为新亚欧大陆桥经济走廊主要节点和海上合作战略支点城市，此次上合峰会选择在青岛举办更是凸显了国家对于“一带一路”的重视。

秀色可餐的风景、国际交通枢纽的地理位置、儒家文化及海洋文化的完美结合、突出的经济实力都成为山东青岛成功选为举办地的原因。

美国一位市长曾这样评价一场国际盛会给一座城市带来的变化：“如果在我这个城市开一个国际会议，就好比有一架飞机在我们头顶撒美元。”上合峰会在山东青岛举办，意味着山东面临着巨大的机遇与挑战。世界的目光都将聚焦在这座滨海城市。10年前，奥帆赛和残奥帆赛的出色举办成功打开了青岛“帆船之都”的大门，推动了当地向以服务业为主的经济结构的转变。10年后，上合峰会终将给山东的这座滨海城市赋予一种全新的含义，呈现出一副更加耀眼的面貌！一种崭新的、开放的经济结构终将形成，一座宜居的、国际化的城市终将被肯定！

青岛所抓住的发展机遇不仅是其自身的努力，更得益于国家政策的扶持，尤其国家对于“一带一路”的高度重视。对外开放实现战略转变和顺应我国对外开放区域结构转型的需要使得东部地区成为我国全面对外开放的引擎。“一带一路”的构想引起国内、相关国家和地区的强烈共鸣，加大了中国在世界的影响力，为中国创造赢得强大话语权的机会，是中国未来几十年乃至百年的复兴中华的大战略。

青岛作为此次上合峰会的东道主，将进一步加强与上合组织及有关国家的互动交往，在维护本地区和平稳定方面发挥重要作用，更为助推“一带一路”建设、促进地区文化文明交流互鉴、深化构建人类命运共同体发挥坚实可靠的桥梁作用。

耳边又一次想起那铿锵有力的声音：我们前所未有地接近实现中华民族伟大复兴的“中国梦”！站在新的历史起点上，青岛、中国都必将书写更加美丽的华章！

中国足球与中国精神

丁一阳　黄聿山　毛泽田　任元铠　朱义川
[山东大学(威海)机信学院 2015 级机械专业学生]

小编注:本文是丁一阳、黄聿山、毛泽田、任元铠、朱义川小组的登台演讲文字稿。因其充满正能量、激情洋溢,特摘录于此。

丁一阳:

作为一名看了很多年的中国球迷,首先得说我的心态肯定是大家中最稳定的。1 比 5 负于泰国,0 比 1 负于叙利亚……每次的比赛都是报以最大的希望,但结局永远都是留给中国队的时间不多了。就是这样屡败屡战,屡战屡败。但是我们中国队的球迷从来就没有放弃,我们每一次都用最饱满的热情、最大声的呐喊为球员们加油,不求每场都赢,只求尽力拼搏,踢出水平就好。终于等到了这次中韩大战,在大的政治环境下,这也许真的是场输不起的比赛。结局没有让我们失望,中国队的小伙子们全力拿到了这场宝贵的胜利,举国欢庆,身为球迷也得到了最大的鼓舞,最后希望中国队能带着这股足球精神、中国精神,在之后的比赛中都全力以赴,争取发挥最好的水平,为祖国争光。

朱义川:

感谢丁一阳同学的发言,确实,中国足球这么多年来带给我们的不是欢乐和自豪,反而更多的是遗憾和恨铁不成钢的心酸。而正当人们感到痛心失望的时候,我们的国足用了一场胜利给我们带来了无尽的自豪与骄傲。

在北京时间 2017 年 3 月 23 日晚 19 点 35 分，2018 年俄罗斯世界杯预选赛亚洲区十二强赛展开第六轮的角逐，中国男足坐镇长沙贺龙体育场迎战来访的“太极虎”韩国男足。上半场于大宝接王永珀角球头槌为中国队先拔头筹，下半场，寄诚庸与吴曦禁区外围颇具威胁的远射都被各自门将神勇扑出，最终，中国男足凭借着于大宝的制胜进球主场 1∶0 复仇韩国，同时也获得十二强赛小组赛首场胜利。这是一场久违的胜利，终结了数十年的“恐韩症”。

而针对这场比赛，很多新闻媒体也对此进行了报道与评论，全国人民都沉浸在喜悦之中。而我也对此有了这么一段发自内心的评论。

这是一场中国队再也输不起的比赛，甚至平局都可能提前与世界杯告别。“重压之下无惧色”，中国队唯一可以凭恃的，只有一颗争胜的雄心。整场比赛，中国队不能算占据优势，正如里皮在赛后所说，球队表现还是有些“缩手缩脚”，但至少在防守端做得足够积极努力，也在气势上压制住了对手。在有威胁射门和进攻组织上，中国男足并不逊色。

这场比赛，无论是懂足球的，还是足球盲、伪球迷，人们都关注了这场比赛。在知乎上，对“国足 1∶0 韩国”的浏览量达到 31 万次，而在微博上甚至达到了 3.9 亿人次，成为当时最热话题，远远超过第二条新闻“中国气象局关注萧敬腾”。而在我们身边，很多同学都观看了这场比赛，对国足精彩的发挥有目共睹，在获胜后也十分激动，整栋宿舍楼都充满欢呼声，同学们振臂高呼，为国足的表现而骄傲。

下面我们请毛泽田同学为我们讲讲这场比赛获胜的原因。

毛泽田：

中国队既然取得了胜利，凡事皆有因有果，下面就让我们分析一下中韩大战中国能够取得胜利的原因。

在之前准备演讲材料的过程中，我们将原因分为五大块，下面一起来看一下：

第一，政策。2016 年 4 月 6 日，《中国足球中长期发展规划(2016～2050 年)》正式印发，并将足球的发展分为三个大阶段：

一、近期目标(2016～2020 年),努力实现中国足球保基本、强基层、打基础的发展目标。

二、中期目标(2021～2030 年),奋力实现中国足球动力更足、活力更强、影响力更大,跻身世界强队的发展目标。

三、远期目标(2031～2050 年),全力实现足球一流强国的目标,中国足球实现全面发展,共圆中华儿女的足球梦想,为世界足球运动做出贡献。

第二,教练。随着中国国力的发展,国家有更多资金投资体育事业。中国国家队请来了著名足球教练里皮来担任主教练。他曾经率队夺得 5 个意甲联赛冠军、4 次意大利超级杯冠军、1 次欧冠冠军,2006 年又率意大利国家队夺得世界杯冠军。由此可见里皮传奇的执教生涯,一个好的教练能给球队带来好的体系、好的训练方法,对球队的影响极为重要。

第三,群众。当天大量的球迷到现场支持国家队,仅在中央电视台体育频道收看本场比赛的观众人数就达到了 1.24 亿,平均每分钟的收视人数为 3000 万,在同时段的收视率就已经遥遥领先。而且上述数据还仅仅是通过 CCTV-5 观看的,还有大量的观众是通过电脑、手机等网络平台进行关注的。在如此数目庞大的观众注视下,国家队员也希望自己能不孚众望,踢出一场令人满意的比赛结果,因而更加卖力。

第四,压力。在比赛前,媒体舆论就已经开始大力宣传,无论是否球迷,无论年龄、职业,我们都多多少少地了解到了这场比赛的信息,更多人的关注给队员们带来了更多的压力,他们在众多人的注视下也会因此而踢得更加卖力。

第五,拼搏。看了这场比赛的人都知道,中国队员自始至终都在拼抢,丝毫没有懈怠,没有了以往的球场漫步,这才是这场比赛胜利的真正原因。只有敢拼,一切才皆有可能,胜利是争取来的,不是白送的。正是竞技性,给体育带来了无限魅力,赋予了体育精神最本质的精华。

任元铠:

正如毛泽田同学所讲的,中国男足能胜,最不可忽视的一点就是国足精神、体育精神。

那么，国足精神体现在哪呢？

首先，是肩负使命，全力拼搏！

我不是球迷，但却也知道中韩大战的重要性，无论是国家荣誉感，还是民族尊严，都驱使着国足为国争光。

再说比赛本身，世界杯预选赛，场场都是生死对决，何况战前韩国出线形势并不明朗，可以说铆足了力气来到长沙。这是一场实打实的硬仗，对中韩双方来讲，不是你死，就是我活。所以，中国队要想不辱使命，就必须全力拼搏，而正是这种全力拼搏的精神，让我们看到了久违的中国力量。

其次，国足精神还体现在他们屡败屡战，不忘初心！

在此之前，就像前面所说的那样，中国足球一直是人们茶余饭后的笑料。以往每次在国足输球的时候，不看球的人通常会提出一个经典问题：运动项目那么多，为什么非要把足球搞上去？

或许，只有当看到长沙街头成千上万人举着巨幅国旗呐喊狂欢，于大宝进球的那一瞬间几乎能够在全国引发一场小型地震，看到各种超市、餐厅、商店的老板一夜间任性地打出“全场大折扣”时，才能直观地认识到，足球所带来的民族自尊心和自豪感的提升无与伦比。

国足的胜利，是因为国足不屈不挠的执着拼搏，又何尝不是因为无数球迷的不离不弃和始终未忘的复兴国足的初心？

对于体育精神，我的个人理解是，它代表一种不断变好的意志和决心，这不仅仅体现在球员的努力和拼搏里，更体现在广大球迷甚至国家层面。因为这种意志，我们才有肚量、格局做到拿得起、放得下；因为这种意志，里皮执教国足，中国用最大的投入追求实质性的进展，用前所未有的决心追求脱胎换骨的变化。

从上述精神中我们不难发现，里面有很多与中国精神、民族精神“不谋而合”的地方，其实，中韩大战所表现出的体育精神就是中国精神的一个具体体现。基于这个认识，我们对其作了进一步思考，下面有请我的队友和大家分享一下对中国精神的认识。

黄聿山：

如果你觉得我们今天只是在讲体育精神，那你就真的没有“灵性”。我们今天要讲的，是更高层面、更上一个层次的中国精神！

中国体育精神是中国精神的折射。中国精神，是以爱国主义为核心的民族精神，以改革创新为核心的时代精神，中国具有很多的中国精神，比如“两弹一星”精神、航天精神、铁人精神、大庆精神，当然，还有我们今天开头提到的，中国足球在中韩大战中所体现出来的中国体育精神。

中国精神的具体内涵是什么呢？中国精神贯穿于中华民族文明，积蕴于现代中华民族复兴历程。它具有很强的民族集聚、动员与感召效应的精神及其气象，比如在中韩大战中，我国的球迷就深刻地体现出了这一点，比如“如果我不能在你失败时支持你，那我如何在你成功时说爱你”这样的标语，这是流淌在中华民族血统中的民族凝聚力、民族团结力，这就是一种中国精神的体现！中国精神以马列主义、毛泽东思想、邓小平理论、“三个代表”重要思想为指导，以科学发展观为统领，以社会主义核心价值观为核心。中国精神详细的品质如下：爱国、感恩、勤劳、互助、开放、进取、创新、包容、厚德、谦虚、务实、奋进、诚信、兼容、好学、互信、互利、协商、尊重、爱心、公德、平等、平和。

那么，中国体育精神与中国精神之间有什么关系呢？中国体育精神继承了中华民族精神，中国体育精神就是上述中国精神包含的详细品质的延伸和扩展。中国体育精神植根于优秀的中国传统文化，它是长期体育实践活动中形成的价值标准和心理状态。中国体育精神将体育精神打上了中国烙印，具有真正的中国特色，中国体育精神是独一无二的，它传承和发扬了历久弥新的中华民族精神。

习近平总书记曾经说过：“实现中国梦，必须弘扬中国精神。用以爱国主义为核心的民族精神和以改革创新为核心的时代精神振奋起全民族的精气神。”

接下来我们就来说一说，如何具体地从我们身边的事情去弘扬我们的中国精神。在这里，我只选取了四个比较有代表性的关键词，分别是坚强拼搏、不屈不挠，理性爱国，友好团结，敢于创新。

首先第一个子主题：坚强拼搏，不屈不挠。我这么说，大家可能觉得很缥缈。那我举一个例子，最近大家刚考完计算机等级考试，或许你会觉得发挥得不太好，你会觉得失望，会觉得无奈。但是我们应该重新燃起心里的那一团火，有一股子坚强、拼搏、不屈不挠的魄力，有这样一种中国精神，去争取、努力实现自己的目标！

第二个子主题：理性爱国。可能大家已经想到了我为什么要选择这样一个题目去说，没错，就是最近的"萨德"。关于"萨德"的部署，我们的说法不一，但是绝大部分国人是反对的，但是反对的方式却大相径庭。我在微博上看到，有的人说："我抵制韩货，我不去韩国旅游。"从我个人方面来说，我不反对，自私点讲，我甚至支持，因为作为中国的国民，我们能做的不就是默默支持自己的祖国，贡献自己的一份微薄之力吗？还有一些人反对韩国的方式是去辱骂，去破坏、抢盗韩国商品，这叫"爱国"吗？这有中国精神吗？有体现我国那种大局大度的观念吗？这种爱国是狭隘的，他把"爱国"这两个神圣的字狠狠地玷污了！作为大学生，我们要做的是理性爱国，用中国精神去爱国！

第三个主题：友好团结。微博上处处都有的"键盘侠"、校园暴力、路人之间的冷漠……这些每天都在我们的生活周边上演，每天都在影响我们。大道理或许大家都懂，乐于助人，友好团结，却总有不能实践的人，总有做不到的人！仔细想想，应该源于某些人内心的一种抗拒。连最基本的友好团结都做不到的话，哪里谈中国精神，哪里算中华民族呢？

最后一点，敢于创新。工科学生的一项重要责任就是去创新、创造，去推动产业的进步，推动中国的发展。我为什么说我们要敢于创新，敢于创新和我们的中国精神有什么关系呢？一句话，中国精神的传承和延续，是建立在我们创新创造的基础上的！没有创新创造推动的进步和发展，哪里去弘扬中国精神？只有无处可施，无济于事。

中华精神延续、发展到今天，已是几经沧桑，历尽风雨。然而它自强不息的向上进取的精神仍在，继往开来的创造精神仍在。中华精神在新的历史时代，将以新的姿态继承和发扬优秀传统，吸收、容纳人类一切优秀的文化成果，达到新的历史高度。

不要只坐在路边鼓掌

张　旗
[山东大学(威海)商学院 2016 级金融学专业学生]

我们自古以来,就有埋头苦干的人,有拼命硬干的人,有为民请命的人,有舍身求法的人,这就是中国的脊梁。

——鲁迅

2018 年 3 月 1 日晚,2017 年度“感动中国”人物颁奖典礼在央视一套播出,很多人是带着敬意,在一次次的流泪与鼓掌中看完这首“中国人年度精神史诗”的。

获奖人物在平凡之中孕育出来的伟大,又一次不折不扣地感动了中国,但“感动中国”的意义远非仅仅是给国人带来感动。有“感动中国”,更要有“行动中国”。

容易被感动是人类的良知与天性使然,它只是向善的第一步,更为重要的是行善,把感动化为坚实的追随与行动。只有真正行动起来,才能带来道德的切实改变。“这个世界才会有爱而转动。”一时感动过后的街市依旧,并无太大的现实意义。

因此,感动中国,值得感动,也值得反思。不反思只感动,这感动太廉价,不感动只反思,这反思太冷血。感动中国不应止于感动,而忽视了思考与行动。

以此说来,“感动中国”绝不能仅有“感动”,还必须有实实在在的“行动”。否则,如果仅有这一次次瞬间的“感动”,而缺少应有的“行动”,“感动”必然会被尚不够理想的现实稀释成片刻的审美感受。

也许我们不具备科研潜质，不能像黄旭华、沈克泉、沈昌健一样倾情研究，科技报国；也许我们不是良医，无法像胡佩兰一样终身行医，治病救人；也许我们不是良师，不能像卢永根、龚全珍、格桑德吉一样，献身教育，爱生如子；也许我们并未身患重症，不是战友给了“二次生命”的战士，不是拾荒老人，不是村官，不是航天员……

的确，生活中，我们很难“照搬”其行为，也很难像他们一样“感动中国”。但至少，我们可以学习他们爱国的情怀、执着的毅力、向善的追求、感恩的回馈、职业的操守，少为自私找借口，少去抱怨社会环境的粗糙，多去感恩社会，热爱工作，同情弱者，尽己所能也贡献自己的一份力量。一个形象“高大全”的人物会让人们敬佩、崇敬，但真正让人们感动的却时常是平凡人的“痴”“憨”“愚”。

社会道德的重建，需要道德楷模的引领，也需要每一位国人的追随与效仿。每一位“感动中国”年度人物的事迹背后，都蕴藏着一个坚强无比的灵魂、一个无人匹及的传奇、一股坚不可摧的力量，他们身上具有的“正能量”令我们敬仰。这种“正能量”，不仅仅是个人强大信念的彰显，更是一个行业、一个群体、一个国家的希望所在。更可以说，中华民族几千年的传统美德在他们身上得到了完美的再现和表达。

感动你我，感动中国。面对这些平凡英雄，我们仅有感动还不够，更需要化感动为力量，更应将这种感动化为一种行动。

感动了，哭过了，动起来吧，不要只做一个“坐在路边鼓掌的人”。

中国青年失去信仰了吗?

李　壮

[山东大学(威海)商学院2017级市场营销专业学生]

欲言国之老少,请先言人之老少。……惟思既往也故生留恋心,惟思将来也故生希望心。惟留恋也故保守,惟希望也故进取。惟保守也故永旧,惟进取也故日新!

……

信仰者,信而后仰也,世之教神诸多,唯真理可信。夫信仰者,应明之,亦应知理!

——梁启超《少年中国说》

2017年10月24日,举世瞩目的中国共产党第十九次全国代表大会胜利闭幕。这不仅是振奋人心的时刻,也是轰动全球的一刻,更是标志着新时代的中国迈出了历史性跨越的一大步!党的十八大以来,以习近平总书记为核心的党中央不负人民重托,无愧历史选择,在新的时代条件和实践要求下,牢记使命,奋勇前行,与时俱进,在一番艰辛理论探索之后,取得重大理论创新成果,形成了新时代中国特色社会主义思想。正是因为这一思想的提出,为解决世界难题贡献了中国智慧和中国方案。

新的时代,新的形势,新的矛盾。党的十九大之后,一个又一个时代课题呈现在我们面前,这些课题都值得我们每个中国人去探索,去深思。对此有不少人曾评论:为什么中国青年一提到马克思列宁主义、毛泽东思想就毫无兴趣?为什么中国青年宁愿做“低头族”,整天抱着手机打游戏、聊天,也不认真听好一堂关于政党理论的讲座?为什么中国青年对国家政事一问三不知？为什么现在的中国青年把那些又红又专的学生看为异类？是他们真的忙于学业，忙于竞争？是他们没有了昔日的朝气，失去信仰了吗？矗立在世界群山之巅，屹立于世界之林，面对世界发展的新形势，面对“构建人类命运共同体”下的宏观走向，深入贯彻落实新时代中国特色社会主义思想，作为中国新青年的我们，应该这样回答：

“雄关漫道真如铁，而今迈步从头越”

“疾风知劲草，板荡识忠贞。莫道严霜酷，愈煞吾愈红。”那是昏天黑地的日子，那是民不聊生的日子，一位热血青年从容走上森然兀立的绞刑架。他目光坦荡，毫无惧色，在被绞死之前留下“不能因为你们今天绞死了我，就绞死了伟大的共产主义”的豪言慷慨就义，他就是开创近代中国向西方学习共产主义的进步青年——李大钊！同样，热血青年毛泽东走出韶山，从容踏上救亡图存之路！在湖南军阀的威逼利诱下，他也郑重写道：“本人信仰共产主义，主张无产阶级的社会革命！”在他的领导下，中国革命焕然一新，使中国共产党不断成长为解放全中国的中坚力量。更有千千万万个中国青年在1919年5月4日走上街头，高喊“废除二十一条，惩办卖国贼，还我河山”的壮言！这说明了什么？这不正是20世纪中国青年的真实写照吗！他们的言语不正是中国青年的信仰吗！“行百里者半九十”，中华民族的伟大复兴，绝不是轻轻松松就能实现的。而我中国青年懂得担当，明白为国牺牲的崇高。试问，在社会处于迷茫的时期，中国青年揭竿而起，立地为兵，斩露出青年的理想信念、高尚信仰，在社会前景如此光明的今天，作为中国新青年的我们，又怎么可能不懂得抓住机遇，扬帆起航，又怎么可能失去这一信仰？

“寄意寒星荃不察，我以我血荐轩辕”

“只有精忠能报国，更无乐土可为家！”那是黎明初现的日子，那是百废待兴的日子。我们曾记得，为了不让更多的战友倒在战场上，为了赶走美帝国主义的侵略，为了心中那崇高的信仰，有这样一个青年，选择拼尽全身力量抵挡住了敌军的子弹射击,使我军顺利炸掉碉堡,赢得了胜利!我们也曾记得,第三次科技革命飞速发展,而国内科研资源缺少的时候,亦有一大批像钱学森、邓稼先的科学家舍名利、弃前程而选择回国建设自己的国家。就当时的历史背景而言,选择继续深造无疑是更好的,但他们为什么可以毫不犹豫地放下名利,而选择跻身故土,重建家乡?难道他们就真的不想拥有更完美的人生吗?答案仍然是信仰,正是因为信仰,他们懂得什么叫"先天下之忧而忧,后天下之乐而乐",懂得什么叫"横眉冷对千夫指,俯首甘为孺子牛",懂得"国永远大于家"的重要性!这是发展时期的中国,我们中国青年仍然不失本色,彰显了我们中国青年的坚毅决心!因为历史只会眷顾坚定者、奋进者、搏击者,而不会等待犹豫者、畏难者。试问,在如此艰难的时代,我们中国青年亦坚持历史使命不动摇,坚持信仰的生命力,在改革开放胜利进行的今天,作为中国青年的我们,怎么不会珍惜现在,怎么可能失去信仰?

"安得广厦千万间,大庇天下寒士俱欢颜"

"洒下的汗水,是青春,埋下的种子,叫理想!"这是中国龙腾飞的日子,这是中国雄狮怒吼天下的日子。不管历史的天空如何变化,不管世界朝着什么样的方向发展,中国青年始终不忘初心。毕业于耶鲁大学的高材生——秦玥飞,在殿堂和田垄之间,他选择了后者,俯首躬行,在荆棘和贫穷中拓荒,用他黑色的眼睛找到了一片属于人民的光明!宁可汗流浃背也绝不道一句歇息,宁可舍弃提升职位的机会也要为百姓着想。在秦玥飞的心中,已经没有什么能比带着百姓脱贫致富更快乐的事了。百姓乐,这位年轻的国际名校大学生村官也就乐了。同样,在汶川大地震中的杰出青年刘海清,他的事迹亦足以证明我们中国青年的巨大魄力。在那生死存亡的危急关头,他强忍失去6名亲人的悲痛,身先士卒,带领干部群众抗震救灾,尤其是在手术之后的第一时间重返工作岗位,组织灾区群众恢复重建,被誉为"中国基层模范公务员""中国十大杰出青年"。今天我们大学生成立"国家记忆寻访团"走访全国几十个省,追忆抗战老兵们的事迹,领悟国家信仰的巨大号召力和感召力,为的就是我们民族的根、民族的魂!历史可以走远,但是我们的信仰却能永远留存！更有许多跻身科研、为我国科技发展做出巨大贡献的忠烈青年们，无数为我国打赢脱贫攻坚战而献身的热血青年们，是信仰的力量支撑着我们中国青年立志报国，是信仰的力量激励着我们中国青年敢于迎难而上，敢于重振旗鼓，奋起直追。从 21 世纪的优秀青年中我们不难看出，我们不仅有革命年代敢于探索、另辟他路、打破常规的精神，更有伟大革命家们舍生取义、敢为人先的斗争与奉献精神！泱泱中华，先辈们留下的精神，绝不会因时代的流转而荡然无存的！这，就是我们引以为自豪的信仰的力量。我们的道路自信、理论自信、制度自信、文化自信会一直支撑着我们，为我们中国青年提供源源不断的动力！仍然试问，21 世纪的青年又怎么可能失去信仰?

时代的发展已经证明，中国青年没有哪一代是失去过信仰的，没有哪一代是忘记自己的历史使命的。革命年代的青年共产党人的信仰，至今继续在传承与发扬，而且在时代的发展下又被注入了新的活力，得到了新的升华！正是因为这些新的力量才使得我们可以大胆地回答：我们的信仰还在，我们的执着还在，我们的红心依旧还在！也许有少部分青年正处于迷茫时期，也许有少部分青年还在探索。但这些都只是暂时的，都只是局部现象，要论中国青年，必须不被表面的自欺欺人的评论所诓骗，去看看他们的筋骨和脊梁。信仰是否失去，千变万化的流语更是不足为据，还要去看看我们一直走在奋进之路上的中国青年们！

“穷且益坚，不坠青云之志。”眺望过去，把握当下，放眼未来。今天，我们中华民族比历史上任何时期都更接近、更有信心和能力实现中华民族复兴的伟大目标。“四个全面”战略布局给了我们信心，“四个自信”给了我们决心，“五位一体”总体布局和中国共产党的坚定领导给了我们战胜一切困难之雄心！青年兴则国家兴，青年强则国家强。我们青年一代有理想、有本领、有担当，国家就会有前途，民族就有希望。“中国梦”是历史的、现实的，也是未来的，中华民族伟大复兴的“中国梦”终将在我们一代又一代青年的接力奋斗中变为现实。只有我们坚定信仰，矢志不渝，实事求是，勇于创新，勇做时代的弄潮儿，才能在实现“中国梦”的生动实践中放飞青春梦想，在为最广大人民的根本利益的不懈奋斗中书写人生华章！

鹰隼释翼,千里无敌。我们中国青年永远相信,在新时代中国特色社会主义思想的引领下,我们必将以潜龙腾渊、鳞川飞扬之勇气去引领时代潮流,以乳虎啸谷、百兽震惶之魄力去勇担责任,以压倒性态势去拯救那些正处于迷茫中的青年,因为他们的内心深处是有信仰的,是能够重新振作起来的,时间和历史一定会证明,中国青年的信仰是不容置疑的,是能焕发出永无止境之生命力的!在新的高度奋起腾飞,在新的起点奋起直追!相信我们中国青年会向世界证明,我们永远都是有信仰的一代,我们绝不会失去信仰!

"问苍茫大地,谁主沉浮?"看我中国青年!问中国青年之信仰是否失去?初心未改,信仰犹存!

无数个一分钟的努力，汇聚中国力量

张　萌

［山东大学（威海）商学院2016级会计学专业学生］

每个你的奋斗，成就中国奇迹。

——《中国一分钟》

几天前刷微博时偶然看到了一个短视频——国家形象片《中国一分钟》，时间不长，1分54秒，看完后却让人心潮澎湃，震撼无比。短片开头便提出了一个问题：一分钟，你能做什么？

这让我陷入了沉思，是啊，一分钟，我们能做什么？一分钟，说短不短，说长不长。我们可以背完几个英语单词，我们可以读完一首小诗，我们可以在操场上奔跑好几十米……我们可以做的有很多。时间，对每个人来说都是公平的，每个人的一分钟也是相同的一分钟。一分钟做不了多么大的事情，但是无数个充实的一分钟却可以带来巨大的成果。人活一世，总是不免有大大小小的目标，目标有大有小，有难有易。一个成功结果的背后，汇聚着千千万万个一分钟。我们都有潜在的能量，只要我们去把握，只要我们不泄气，守住每个一分钟，不轻言放弃，那么，一定不会被岁月所辜负。

《中国一分钟》，充满了与祖国共奋进的滴答声。一分钟，研究员侯蓉能检查一只大熊猫的2项生殖激素结果；一分钟，农民窦正宝能耕地十几平方米；一分钟，采油地质工孙雨飞可以核对25组地质数据……一分钟能做的有很多很多。而最让我记忆犹新的，莫过于片尾习近平总书记的话："广大人民群众坚持爱国奉献，无怨无悔，让我感到千千万万普通人最美，同时让我感到幸福都是奋斗出来的。"

“莫等闲,白了少年头,空悲切。”年轻的我们,应该珍惜时间,生命不息,奋斗不止。在我们该奋斗的年龄,不要选择安逸,要扬起风帆,逆流而上;在我们该奋斗的年龄,不要只看到了眼前的苟且,要去追寻诗和远方;在我们该奋斗的年龄,不要停下来等候,要宠辱不惊,披荆斩棘。

我们每个人千千万万的一分钟,汇聚中国力量,实现中国梦想。

《厉害了,我的国》观后感

宋春林

[山东大学(威海)商学院 2016 级电子商务专业学生]

有这样一部电影:它没有炫目的光影视觉效果,没有影星、歌星的演员阵容,没有天马行空的虚构情节;却有实在、平凡的镜头记录,却有一群朴实、真实、踏实的工人和科技工作者,却有让亿万中国人都为之自豪、感动的一片赤诚之心。这部电影的名字叫《厉害了,我的国》。

影片将党的十八大以来中国的发展和成就,以及党的十九大报告中中国特色社会主义进入新时代这一重大论述,以纪录片的形式首次呈现在银幕上。

回首这砥砺奋进的五年时光,无数的光辉时刻值得被所有中国人铭记:珠港澳大桥的无缝连接,跨海大桥和跨江大桥的飞速发展,动车组列车的投入运营使用,移动信号电缆的广泛铺设,未来国际空间站的建立,世界首台量子计算机在中国诞生,全球最大的海上钻井平台"蓝鲸 2 号",世界最大的单口径球面射电望远镜的成功创建,一带一路的畅想得以实现,"墨子"号量子试验卫星升空、开启量子通信新时代,野生保护动物的数量逐年增加,国家湿地面积逐年增加,国家扶贫脱贫攻坚战已取得一定的成果,南水北调和西气东输工程利国利民,面对全世界气候变暖作出了积极应对,植树造林防治沙漠化等,无不彰显泱泱中华大地在近五年发生的各种奇迹,无不彰显着中国的国力。《厉害了,我的国》正是以中国历年来尤其是近五年来的伟大发展为内容,将这些恢弘工程和背后的人与事娓娓道来。

面对这些令外国人羡慕的成绩,我们会发起由衷赞叹:"厉害了,我的国!"

影片不仅彰显了我国的雄厚实力，也体现了中国人民不畏艰险、埋头苦干、开拓进取的美好情操。《厉害了，我的国》通过一个又一个生动具体的故事拉近了与观众的距离，让观众在赞叹在惊呼的同时，发自内心地明白——“幸福是奋斗出来的”。当然，一个又一个的“中国奇迹”更是奋斗出来的。从姑苏小镇城乡统筹的奇迹，到“闽宁模式”东、西部牵手的成功跨越，从长江经济带、京津冀一体化，到萦绕着千年大计、国家大事的雄安新区，无不展现出中国协调发展的宏伟蓝图。中国正在用实际行动应对这些发展中遇到的“中等收入陷阱”难题，正在为协调发展努力，正在向一体化发展迈进。

从“中国制造”到“中国创造”，从无到有，中国都在发生着翻天覆地的变化，人民生活的兴旺离不开国家的繁荣富强，国家每一项重大成就的取得也都凝聚了全国人民的磅礴力量。看了《厉害了，我的国》，感觉身上有一股热血在流动，有一种精神在体内激荡，我很自豪我是中国人，将来我也有机会为国家的发展做贡献。

“合抱之木，生于毫末；九层之台，起于累土。”我的国之所以厉害，其根源在于党的强大、人民的强大。只要全党全国各族人民紧密团结在以习近平同志为核心的党中央周围，高举中国特色社会主义伟大旗帜，锐意进取，埋头苦干，中华民族伟大复兴的“中国梦”必能实现！

我是“小青马”

赵婉莹

[山东大学(威海)机信学院2016级数媒专业学生]

“青马班”给我的大学生活留下了浓墨重彩的一笔。那是一场场精彩的讲座,那是井冈山的日落,那是夏日里山威六点半的操场,那是玲珑学堂蒙牛518的欢声。“青马班”给了我们一个新的归宿。

与“青马班”初识的时候,我还是一个大一懵懂的学生,“青马班”把我和许多优秀的学长学姐重置到一个新的起点上,在这个集体里,只要你愿意,你就可以发出自己的光热。

后来我慢慢地发现了这里的不同。小组里回复消息的准确度和及时性超过了我的想象,同学们讨论问题时思想的火花碰撞在一起,好像打开了新世界的大门,每一次办活动都能看到负责人认真的态度、利落的处事。这些细微又弥足珍贵的品质在这里是如此普遍地存在。让我在惊诧之余万分欣喜。我很少会担心出差错,因为有人和我一起肩并肩地工作,因为我的身后有坚实的依靠。

印象特别深刻是班长的一句话。他说:“优秀吸引优秀。”我很庆幸在我还懵懂的时候遇见了一群优秀的人,让我分辨清楚什么是好什么是坏,让我对自己有了不一样的要求,让我看到了自身更多的可能性,也让我终于抛弃了种种幻想开始脚踏实地地努力。

井冈山之行一定是“青马班”送给我的最惊喜的礼物了。井冈山的红色印记是如此浓烈,大井毛泽东故居,黄洋界险峰,烈士陵园的花环,一幕幕都在敲打着我的心。这个曾经停留在历史课本里的地方如今就在我面前。现在的井冈山树林荫翳,泉水叮咚,一片安宁祥和,很难想象这里曾经有血染山林之灾。是那些沉睡在烈士陵园里的英雄缔造了今天这一切,如今他们又平静地守候在这里,注视着前来瞻仰的后辈。

如果不是亲自来到了这片土地,看到了那些留存的故居,斑驳的弹痕,见到了开国将军的后代,我大概永远也不会去想现在的和平生活是多么的来之不易,我大概永远不会理解信仰可以支撑起一个民族的脊梁。

“青马班”的全称是“青年马克思主义者精英班”,它创立的初衷便是培育一批忠于国家忠于党的年轻人,让他们体会到历史的厚重。当马克思主义、井冈山星火不再是一个符号而是我眼前跃动的一切时,我才意识到时代变迁落在我身上的责任。

井冈山的星星之火终成燎原之势,“中国梦”的腾飞牵动着每一个中国人的心弦。当年的“美国梦”席卷全球缔造了一个时代的强国,如今我们生活在时代变迁的风口里,久闻大唐盛世、明清帝国,而今终于有见证祖国繁荣富强的机会。这绝不是一个口号、一个标语,这是关乎我们每一个人命运的事情。

人工智能会在未来的 25 年里改变世界,许多行业会被重新洗牌,那个时候,我们这些散落在世界各地的“小青马”会做着怎样的事情呢?我相信无论我们走到哪里,只要信仰不变,我们都还是年少的模样。

大家都说来日方长,当“青马班”之旅真的要画上一个句号时,我们竟是如此的不舍。如果你问我,在“青马班”最大的收获是什么。我会毫不犹豫地告诉你,我最大的收获是你们。是你们让我看到了不一样的风景。我非常非常想告诉“青马班”的老师、朋友,告诉我们的班主任,告诉“井冈青语社会实践团”的所有人,我爱你们。

有生之年,欣喜相逢。

当我们谈论底层关怀时，我们在谈论什么？

边雅妮
［山东大学（威海）文化传播学院 2017 级硕士研究生］

课堂登台演讲仿佛是我自大学以来除了考试之外，第二个认真准备的项目。硕士课程开始后，客串讲师的机会竟然让我有了些压力——因为跻身"研究生"这一行列，顾名思义，所讲的内容也不能像本科那样泛泛而谈，尤其是 100 多人一起上的思政课，更不能丢人丢得太明显，因而学期伊始我就开始搜肠刮肚。

社会保障，说得简单点就是扶危济困，说得有情怀一点，就是底层关怀。在朋友所述现象的促使下，我决定思政课的登台演讲就选择民政部门的社会保障体系，以我的家乡——一个西部大省的小县城为例。

仔细阅读了父亲发过来的相关文件，我发现我以前所了解的社会保障太过于肤浅。政府对弱势群体的关怀不仅名目繁多，并且已经用心到了体贴的地步。除了四个层级的最低社会保障、新型农村合作医疗、养老保险、残疾人补贴、孤儿保障金这些为大众广泛了解的常规项目之外，还有许多令我惊叹于其细致的政策，比如说"城乡特困人员供养"，即无法定赡养人的老人，政府对其中有独立生活能力的老人负担养老金，对无独立生活能力的老人则集中到官办敬老院"集中供养"，做到了保障穿衣、吃饭、住所、医疗、丧葬这五个方面。尤其是保证丧葬这一项，让我很是惊讶。我的家乡地处黄土高原，土葬风俗严肃又烦琐，政策规定对生命垂危的特困老人做到弥留时有人看护、去世后举行民俗葬礼，远超出我之前理解的简单埋掉了事的心理假设。

当看到城乡特困人员集中供养这一项时，我猛然想起去年听父亲提起过的敬老院"炒鱿鱼"事件。原来，政策规定每一个集中供养的老人都要有固定的人照顾，责任落实到具体人。父亲负责的敬老院去年发生了一起老人走失事件：一个患有老年痴呆的老人走丢了，看护人没有及时上报采取措施。第二天早晨终于在一家农户的麦草堆中找到老人。所幸是夏天，老人没有出什么安全事故。但是这个老人的看护人直接被解聘。老人的安危和看护人的饭碗联系在一起，这样就不会发生体制内那种不干事、相互推诿扯皮的现象，这样一来对这些老人的照顾落到了实处。

当看到农村养老保险和高龄津贴这两项，我又猛然想起我自己的切身体会来。大约是四五年之前，有一次我回老家看望爷爷、奶奶，爷爷突然说要给我钱，我很纳闷，因为那个时候并不是过年给压岁钱的时间。我就问我爷爷为什么突然要给我钱，这时候爷爷非常骄傲地跟我说："孙女，你爷爷现在也是领国家钱的人了。"我更纳闷了，我爷爷当了一辈子农民，怎么七八十岁了成了领国家钱的人了？爷爷又跟我说，这是国家发的什么钱，他也叫不上名字。后来我问了父亲才知道，我们县就是那一年开始推行农村养老保险和高龄津贴的，针对的就是一辈子没交过"五险一金"的农民。我爷爷当了一辈子农民，一辈子的生老病死都是他自己靠着几亩土地挣扎着过来的。突然有一天，像我爷爷这样的农民，可以在他们干不动活、种不动地的时候领一些国家发的养老金。这可能在有工作的人看起来很正常，但是对于他们这个群体来说却意义非凡。

读完了文件，我突然好奇这些名目繁多的补贴政策是否可以兼得，因为我知道大多数高校的奖学金都是不可以兼得的。微信咨询父亲，父亲举了一个例子：比如说一个60岁以上的老人，没有法定赡养人和收入来源，那么他可以被评为一类低保，同时他既有养老保险还有高龄津贴，还有特困人员供养，看病就医再享受农村合作医疗和大病救助，这些项目加起来基本就可以涵盖老人生活的全部。

做完登台演讲的PPT，合上电脑，我想了很多，觉得几页PPT和一些条条框框的东西还不是我想要表达的全部，遂又打开文档，在讲稿后添加了如下段落：

我是学世界文学的，我们经常会遇到对底层人民表达同情的作品或者作家，比如说列夫·托尔斯泰的“圣者情怀”，雨果的“博爱”，但是我有时候会想，所谓的“圣者情怀”，所谓的“博爱”，就只能是一种情怀，而不能去实现它，去落到实处吗？不能真正地做一些什么事情让底层人民得到实实在在的福利吗？当我真正地了解了一个县的社会救助体系和资金发放，我突然觉得，不管我以前说过多少次悲悯苍生怜悯困苦，都只是书生的空谈，我自己想到却做不到的，政府已经做到了，所以我觉得，我没有理由再去质疑这个政府。

我知道一些所谓的“网络大V”，因为一些个人的遭遇，把自己的不如意不得志甚至是偏见上升到国家层面、上升到意识形态层面甚至是民族性层面，每天叫喊着“不民主不自由”，“西方有多好，中国社会已经堕落到万劫不复”云云，利用自己掌握的话语权来混淆视听，激起那些不能独立思考者的愤怒。

我们受教育，不是为了去当没有独立精神、自由思想的盲从者，更不是为了成为键盘侠、成为网络喷子。我们既然有知识，既然掌握了话语权，那我们就比别人更加有责任有义务，去正确解读时代、解读当下。只要我们用正气去传播于民族发展、于国家富强有益的东西，那么我相信，终有一天真理之光会普照大地，一切歪门邪说都将溃然消散，这个世界也会因我们的光芒而更美好。

青年需要奋斗

——读王尽美事迹的感悟

赵兴举

[山东大学(威海)商学院 2017 级保险专业学生]

王尽美出生在山东省诸城市枳沟镇大北杏村一户佃农家里。20 岁时,他是家里的主要支柱,靠租种地主家的几亩地,养活着小屋里的祖母、母亲、妻子等人,一直过着穷苦的日子。即使这样也没有打消他读书的渴望。每当有空闲时间,他就孜孜以求地读书,接受进步观念。当十月革命的消息传到闭塞的诸城时,他感受到这是一个剧烈变化的时代。当时的中国正值军阀混战时期,帝国主义侵略中国,人民生活在水深火热中。世界在改变,中国更应该改变。他萌生探求真理、学习先进知识、救国救民的伟大信念,于是他愤然离开家乡前往济南求学。在那个交通落后的时代,他靠着惊人的毅力用双脚一步一步地走到济南求学。

临行前他登上南岭登高望远,青年意气风发,胸襟大开赋诗一首:"沉浮谁主问苍茫,古往今来一战场。潍水泥沙挟入海,铮铮乔有看沧桑。"如此大气磅礴的诗词,壮志豪情尽显始终。

王尽美来到山东省立第一师范学校,他怀揣救国救民的伟大理想,想要实现自己的抱负。但真正学习的时候,他发现学习的只不过是书本上表面知识,如果要学到真正的知识,就必须走出校园,接触当时的中国社会。埋头读书不问中国的政治,不管中华民族的前途与命运,就无法做到儒家思想中的"为天地立心,为生民立命,为往圣继绝学,为万世开太平"的人生理想,又何谈救中国?他与邓恩铭等人闹学潮,主张撤销学校校长,改革传统中国教育制度，积极学习宣传马克思主义。1920年夏，王尽美与邓恩铭等共同创办共产主义学会。他积极深入人民群众中，推动中国工人运动的发展。他吃苦耐劳，艰苦奋斗，即使遭受打压也不气馁。王尽美长期忘我工作，身体状况急剧下降，最后由于患上肺结核不治逝世。

董必武曾写道："四十年前会上逢，南湖舟泛语从容。济南名士知多少，君与恩铭不老松。"王尽美的一生都为共产主义事业奋斗。他深入工厂走访劳苦大众，聆听人民的心声，他为中华民族的振兴和人民的觉醒贡献着自己的光与热。一个20多岁的青年立下如此宏伟誓愿，并为此不懈奋斗，为中华民族的未来抛头颅洒热血，将个人生命无条件奉献给祖国！

青年是一个人立志的关键时期。我们今天的繁荣昌盛，正是无数革命先辈用他们的生命换来的，我们应该珍惜来之不易的幸福生活，同时我们更应该继承先辈的伟大遗志，树立远大的志向，刻苦读书，将个人理想融入到当代中华民族的复兴中，把自己的命运与祖国的发展前途紧密结合起来，成为建设祖国的栋梁。惟其如此，才能把我们的祖国建设得更加强大，才更能彰显我们的人生价值。

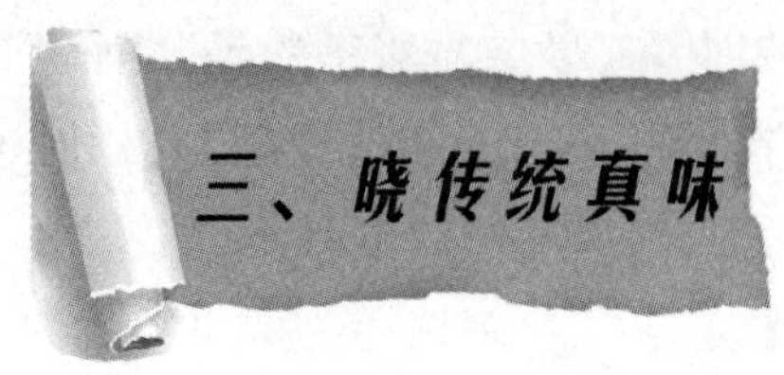

姥　姥

郭舒琪

［山东大学(威海)商学院2016级金融学专业学生］

去年就萌生了想写姥姥的念头。考试月，似乎心中最大的支柱便是回家，吃姥姥做的饭。家是归宿，是一根线，永远牵着游子，有的人线断了，长大了，更高更远了，掉落了，有的人线还没断，一直带着安全感。

世界上最可靠的感情永远是亲情，零背叛零冷漠，不过火也不矫情。

我在姥姥家住着的日子里，就像鸵鸟把头埋进沙子里，排斥外面的世界，和任何人玩都不如陪姥姥。以前她身骨尚好时，下午便去小区大门口坐着，那儿有好几个老人，有一搭没一搭地唠着，或是看着远方，相顾无言，佝偻的身影，一坐就是一下午。

后来她在楼梯上摔倒，腰疼了两三年，家人不允许她单独出门。姥爷还能每天出去散步、玩麻将，姥姥只能终日在家。保姆阿姨上午来打扫卫生，下午就下班回家，不知道姥姥一个人度过了多少个漫长的下午，看着日头渐渐垂落，看着万家灯火点亮，有一个平板电脑，也只会玩一个游戏。

姥姥是典型的勤劳妇女，喜欢在厨房里忙活。她做饭非常非常讲究，即使身子不便，也不愿意别人帮忙，嫌别人乱了她的阵脚，更不吃保姆做的饭。她一个人把厨房打理得井井有条。一大家子人，她清楚每个人喜欢吃什么，谁去姥姥家探望，进门一定是一顿大餐，走的时候再大包小包装满一后备箱。大家给买的水果，她会整整齐齐冷藏在冰箱，子孙们来时她会端出好多。

每天晚上姥姥跟着姥爷看电视剧，看历史剧，看起来戴着眼镜聚精会神。其实她不知道在讲什么，姥爷就会给她讲大概的人物和剧情。第二天她又忘了，她问，姥爷就再给她讲。姥姥喜欢看有毛主席的电视剧，看《换了人间》，看到共产党把国民党的飞机打下来，电视里的人在乐，她也跟着乐，说毛主席就是伟大呀。还跟我说，我们这一辈的年轻人太幸福了，根本不知道毛主席当年呕心沥血做的贡献啊。说着说着，就说起她年轻时候的事，说起零下30度的腊月里村里的人给战士们做饭的情景，回忆里满满都是细节。

姥姥和姥爷，是上上下下二三十人大家庭的中心，每逢他们生日和过节，大家再忙，也必定四世同堂。生日宴上，他们俩总是一起吹灭生日蜡烛，像是为两个人共同又熬过了一年互相祝贺，也像是为两个人即将一起熬下一年互相鼓劲儿。他们俩也总爱因为一些小事拌嘴，姥姥脾气硬，心思多，平日里又孤单，姥爷总会让着姥姥，有时候要听她喋喋不休一晚上。但第二天，在别人眼里威严如虎的姥爷，还是会倒好水提醒姥姥喝药，会给她找眼镜，会把用薄饼包好的烤鸭肉直接喂给她，说："你张嘴就行咯。"

到姥姥家时，保姆阿姨说："你姥姥早就心心念念着，可终于把你盼回来咯。"姥姥会反驳："我可没盼他们回来，孩子们长大了就应该四散在外面，谁回来看我，我就亲谁，给谁做好吃的。"可是每到下午她一个人的时候，她又会一次又一次看大家庭微信群里的聊天记录，看大家的生活小视频，她会发长长的语音，像唠嗑一样，上上下下的孙子外孙们，她都一样疼爱，惦记着每一个人。她还会看朋友圈，尽管她的好友只有家人。她不愿意主动联系每个人，她怕打扰他们的生活。有时候我会把生活状态随手拍下来，发个只有她和姥爷能见的朋友圈，希望给她孤单而漫长的下午时光增添一抹色彩。有一次，我在学校边吃饭边和他们视频聊天，他们误以为我忙到只能利用吃饭时间关心他们，没说几句就让我快挂掉好好吃饭吧。那时我特别内疚。

姥姥一般不出门。有时候家人想带她和姥爷出去旅游，或仅仅想带姥姥去散散心，去公园，去观灯，姥姥很倔强，不去。为什么呢？因为她唯一的愿望是平安健康，她现在脆弱的身骨，上楼下楼，但凡有个磕磕绊绊，都会给儿女们造成负担，她不愿意。她宁愿我们自己出去玩，她看我们的照片。

今年过年期间，一大家子十几个大人带着一群小孩和他们两个老人去大同玩。姥姥说，做梦也想不到这么老了，回来过个年，竟然还能去了大同，竟然有这么多人扶着陪着。车到北山盘山公路的山顶时，姥姥说她小时候骑着骡子来过这儿，一晃，六十年了。

姥姥有两个姐姐、一个哥哥，每个夏天总要回去相聚一次，每一次分别都要抹眼泪，我从来没有见过她在其他场合抹眼泪。我知道，他们把每一次离别当作永别。有一天姥爷在试一件特别大的外衣，姥姥在收拾一件花花绿绿的衣服，我问这是什么衣服，她笑着说这是她的嫁衣。后来妈妈告诉我，那是寿衣。

姥姥的腰要等到什么时候才能好?

如果姥姥的腰好了，我要再带她去一次山顶。

秦　腔

李姝娴

[山东大学(威海)文化传播学院2016级汉语言文学专业学生]

陕中的人们对秦腔似乎总是有燃不尽的热情，院子里，路口旁，树荫下，广场中，一个二胡，一把好嗓子，就能聚起如山海般的人群，层层的，热闹起来。

儿时总对那高腔戏吼持不满态度，似乎走到何处都可碰见二胡伴着嘶吼，唱起那有章有节的曲目来。年少不知，总当噪声。寒假里生出些闲暇的心思。十三朝古都的城墙，风霜雨雪，从墙下行走的岁月无数，却不曾慨叹过墙上的砖瓦，可真有那般沧桑风骨？于是约了个日子，与友人到城墙上，瞧那古城风光，飞檐清雅，配以楼阁更是相得益彰。而最吸引人的，却不是那古式建筑，而是些许低矮的民居。午后的光景，那些落了旧的楼拥簇起来，和暖的沐浴阳光，别有一番闲散趣味。从高处远远望过去，仿佛瞧见了不曾见过的长安，灰色的楼群围绕着城墙，仿佛是守候，又恍若相伴。

忽地，一声长腔传来，惊扰了这恍惚的心思。走至城墙边缘，从那堑落的一处，瞧见人群围绕，热热闹闹的，是老人在唱秦腔。城墙上的过客们，纷纷慢了脚步。城墙上下聚起了人群，单听那二胡伴着嗓音，便感受到清简中游走出的“风韵”二字。一出《东宫扫雪》，面容上布满褶皱的老人，慷慨地唱出老味儿。站定，作姿，手势高扬，嘶吼中剧情一幕幕地展开，在那硬气的音浪中，却又兀地进入另一般境界。似是听一位老者娓娓道来讲着故事，看那忠妃被奸人所害，一声叹息。《铜台解围》中杨家将奋勇杀敌，老人额上的青筋也直冒起，许是随了果敢的性子，生生入了戏。后而《锦绣图》，美人计以孙尚香为饵，诓那刘备过江，听者皆握紧双拳，只怕那英雄中计。所谓“善恶有道”，老腔吼得酣畅淋漓，一众人群也游走在跌宕的情节中，久久沉浸于其中，直至梦醒回神，拍手叫好。我分明瞧见了唱腔的老者，嘴角溢出的笑意。

如今方能理解那如潮一般的人群所怀有的憧憬。一般戏曲总有那婉转多情、千娇百媚的情节，唱出也让台下人忽地梦回其间，作一番流水岁月。论起秦腔，却是个铁骨柔情的，叹那赵五娘扮作尼姑，流下一抹《丹青泪》，生生嘶吼出来，却能化作一番英气，宁赴死也不屈的民风气概。

吼一声秦腔，温柔情作硬声响。

清明时节话微凉

赵芳泽

[山东大学(威海)商学院2014级人力资源管理专业学生]

《历书》有云:"春分后十五日,斗指丁,为清明,时万物皆洁齐而清明,盖时当气清景明,万物皆显,因此得名。"

清明节又叫"踏青节",在仲春与暮春之交,也就是冬至后的第108天。它是中国传统节日,也是最重要的祭祀节日之一;传统的清明节大约始于周代,距今已有2500多年的历史。

清明最早只是一种节气的名称,其变成纪念祖先的节日与寒食节有关。"子推言避世,山火遂焚身。四海同寒食,千秋为一人。"

春秋时期,介子推与晋文公重耳流亡列国,旅途饥饿劳顿无以果腹,他便割大腿肉供文公充饥。文公复国后,众人皆加官晋爵,唯有子推不求利禄,与母归隐绵山。文公焚山以求之,子推坚决不出山,最终和他的母亲一起抱树而死。文公大恸,葬其尸于绵山,修祠立庙,并下令于子推焚死之日禁火寒食,以寄哀思。

这个听上去令人叹惋的故事便是最初寒食节的来历,后相沿成俗。

唐朝诗人韩翃在《寒食》一诗中写道:"春城无处不飞花,寒食东风御柳斜。日暮汉宫传蜡烛,轻烟散入五侯家。"春天的长安城到处柳絮飞舞,杨花飘散。在寒食节这一天晚上,汉朝皇宫里传送着皇帝赏赐的蜡烛,青色的烛烟飘入王侯贵族之家。

寒食节禁火,然而受宠的宦者却得到皇帝的特赐火烛,享有特权。中华文明五千年的历史,节日祭典从不在少数,普通的民众却因贫困无法享受节日的乐趣,能嬉笑游玩、怡然自得的只有达官显贵而已。“无花无酒过清明,兴味萧然似野僧”与“试上吴门窥郡郭,清明几处有新烟”的巨大反差,是沉淀在历史中无法言喻的心酸。

如今,时代早已变化,清明节更多的已经成为中国传统文化的一个象征符号,人们在此日寄托哀思,也于此日踏青一扫胸腹中的抑郁之气。

四月清明,春回大地,自然界到处呈现一派生机勃勃的景象,正是郊游的大好时光。如《论语·先进》载:“暮春者,春服既成,冠者五六人,童子六七人,浴乎沂,风乎舞雩,咏而归。”古人深知春游之乐,连孔老先生也不例外。

此外,由于寒食节与清明节合二为一的关系,一些地方还保留着清明节吃冷食的习惯。在山东,即墨吃鸡蛋和冷饽饽,莱阳、招远、长岛吃鸡蛋和冷高粱米饭,据说不这样的话就会遭冰雹。泰安吃冷煎饼卷生苦菜,据说吃了眼睛明亮。南方清明节时有吃青团的风俗。将雀麦草汁和糯米一起舂合,使青汁和米粉相互融合,然后包上豆沙、枣泥等馅料,用芦叶垫底,放到蒸笼内。蒸熟出笼的青团色泽鲜绿,香气扑鼻,几乎是最有特色的节令食品。

不知为何,每个清明,虽大地已经回暖,却仍总带一丝凉意。纵使在这一天中有多种情思涌上心头,也能做到悲而不伤,喜而不躁。

依偎着暗淡与光,相伴着温暖与愁绪的风景画,就这样在清明绘成。也许每个清明,这画都是这样色彩分明。

上古神话中的抗争精神

吴泽金
[山东大学(威海)文化传播学院 2015 级汉语言文学专业学生]

上古神话是原始先民在社会实践中发明创造出来的,以故事的形式表现了远古先民对自然、社会现象的认识和愿望。马克思说,神话是"通过人民的幻想用一种不知觉的艺术方式加工过的自然和社会形式本身"。而原始社会生产力水平低下,人们对自然界还是处于懵懂未知的探索阶段,在对自然的探索中,先民们自然而然地幻想出许许多多超自然的神灵来,其中就有一大批反抗自然、反抗天帝的具有强烈反抗精神的神话人物。这些神话人物在各自不同领域的奋斗抗争,体现出的是不屈不挠的精神追求,这些精神追求成为民族精神的源头,深深地影响着华夏子孙的后代。

反抗自然的斗争气概

我们祖先那时的生活可以说是十分艰苦的,不仅面临着诸多自然灾害,如洪水、旱灾、地震等,还面临着诸多毒虫猛兽的威胁。于是反映在神话之中,在恶劣环境描写的背后就有了一大批与自然斗争的英雄。如《女娲补天》中记载:"往古之时,四极废,九州裂,天不兼覆,地不周载,火滥炎而不灭,水浩洋而不息,猛兽食颛民,鸷鸟攫老弱。"天柱倾折,大地崩裂,烈火熊熊,洪水咆哮,猛兽袭人。在这险恶环境下,女娲挺身而出,反抗自然,救人民于水火之中。女娲毅然"炼五色石以补苍天,断鳌足以立四极,杀黑龙以济冀州,积芦灰以止淫水",经过这么一番努力,女娲的向自然抗争有了回报——“苍天补,四极正;淫水涸,冀州平;狡虫死,颛民生;背方州,抱圆天。”

如果说女娲补天是面对洪水的抗争,那么后羿射日从侧面反映了对干旱的挑战。“逮至尧之时,十日并出,焦禾稼,杀草木。”(《淮南子·本经训》)十日并出使民无所食,还伴随着猰貐、凿齿、九婴、大风、封豨、修蛇都来祸害人民。所以此时就有了后羿的壮举,“缴大风于青丘之泽,上射十日而下杀猰貐,断修蛇于洞庭,禽封豨于桑林”。

面对自然的威胁,神话里的英雄们从来不会袖手旁观,而是积极有为,挺身而出,拯救苍生。这种神话里反抗自然的斗争气概,也就是我们先民的生活写照。他们勇敢而顽强,不屈于自然而奋斗。正是这种斗争精神,支撑着他们走过艰险的时代,并且不断变得强大。

反抗天帝、反抗权威的挑战勇气

中国古代神话不仅有对自然灾害进行反抗的英雄,更有不满权威、勇敢向权威挑战的英雄。为反抗天帝而断首的刑天就是其中的代表。“刑天与帝至此争神,帝断其首,葬之常羊之山,乃以乳为目,以脐为口,操干戚以舞。”(《山海经·海外西经》)刑天没有了头,就用乳头当作眼睛,用肚脐当作嘴巴,拿着盾和斧头,继续向天帝发出挑战,这是多么顽强的抗争精神。

此外,还有治水英雄鲧,为了止住滔天大水的漫延,因违抗天命盗窃天帝的息壤来止水而被杀于羽郊之外。“洪水滔天,鲧窃帝之息壤以堙洪水,不待帝命。帝令祝融杀鲧于羽郊。”(《山海经·海内经》)生前的鲧就具有挑战的本性,而被杀害之后还是表示不服,死不瞑目,遗腹生禹,让儿子完成自己未竟的事业。

那位敢于与颛顼争帝、怒触不周之山的共工,也是敢于挑战权威的人物,为了争帝,撞断天柱和地维,这又是何等的英武!而这些表现出对天帝、对同地位神的反抗,反映了人们对阶级压迫和精神压迫的不满。这些神话英雄所散发出来的不畏强权的人格魅力,也一直影响到后世。

自强不息的追求与抗争

在上古神话中，有些体现出坚定的信念和无所畏惧的追求。在追求的过程中所体现克服困难的精神，则是一种无畏的抗争。如《山海经·海外北经》中记载的夸父形象，就是一个执着追求的人。“夸父与日逐走，入日；渴，欲得饮，饮于河、渭；河、渭不足，北饮大泽。未至，道渴而死。弃其杖，化为邓林。”夸父可以说是一个惊天地泣鬼神的神话英雄，为了追求理想和光明而不惜与日逐走。虽然渴死道中，但他在追求过程中那种不达目的不罢休的顽强拼搏的精神，充分体现出先民们自强不息的气概。而另一位神话人物，则是以日复一日的重复动作，来显出弱小生命身上那种长久的坚持、无声的抗争，那就是精卫。“女娃游于东海，溺而不返，故为精卫，常衔西山之木石，以堙于东海。”（《山海经·北山经》）溺水于东海的精卫，叼着西山上的木石，去投放在东海上，日复一日向大海复仇，以期有朝一日填平东海，以菲薄的力量默默坚持着。夸父和精卫，是人类顽强生命力的写照。而鲧之子大禹，则为了治水大业，走遍东西南北去疏通水路。在治水过程中，“禹八年与外，三过其家门而不入”，历经千辛万苦，进行了艰苦卓绝的奋斗，才成功地止住洪水。这种长时间为了一个目标、一个信念的坚持，充分体现了大禹身上自强不息的精神。自强不息的追求与抗争，对中华民族精神的形成发挥重要作用。

勇敢无畏的探索创新

在原始社会中，很多未知领域需要先民们去探索、发现、创新。而每前进一步，都是对自然、社会的克服，都无可避免地带着挑战、抗争的因素。这些方面，也理所当然地反映在神话中。魏晋之际的史学家谯周《古史考》中谓：“太古之初，人吮露精，食草木实，穴居野处。山居则食鸟兽，衣其羽皮；近水则食鱼鳖螺蛤。未有火化，腥臊多害肠胃。于是有圣人以火德王，造作钻燧出火，教人熟食，铸金作刃，民人大说，号曰燧人。”这一段文字生动地介绍了燧人钻木取火的故事。

而神农氏的摸索则更是带有不惧风险的挑战精神。他为了发现能吃的食物、能喝的水、能适合居住的土地,不惜“尝百草之滋味,水泉之甘苦”,一天之内甚至中毒70次。

当然,还有其他方面的探索。比如,《吕氏春秋·君守篇》记载:“奚仲作车,仓颉作书,后稷作稼,皋陶作刑,昆吾作陶,夏鲧作城。”这些神奇的英雄形象,在上古神话的星空中绽放光芒。他们的贡献就是在未知领域的探索成果。而这种敢于挑战、勇于实践的精神,对中华民族的精神形成产生了深远影响。

上古神话中体现的抗争精神,充分体现在神话英雄反抗自然、挑战权威、自强不息地追求、勇敢地探索、创新五个方面。而这种反映在神话中的抗争精神,其实也就是华夏先民身上所具备的精神,并且存在于血脉之中。这种精神经过一代代的传承,深深地影响了华夏子孙后代,深深地影响了中华民族精神。几千年来,中华大地上涌现出无数勇于反抗、努力追求、不惧困难、积极创新的中华儿女。也正是这种抗争精神,激励着一代代华夏子民去拼搏奋斗。

从文学中看女德

段伊雪

［山东大学（威海）文化传播学院 2015 级汉语言文学专业学生］

子惠思我，褰裳涉溱。子不我思，岂无他人？狂童之狂也且！

子惠思我，褰裳涉洧。子不我思，岂无他士？狂童之狂也且！

——《褰裳》

一首朗朗上口的《郑风》，短短两段，一位爽朗大方的女子形象便跃然纸上。一句句戏谑的话语，显现出这情窦初开的女子的自矜与可爱。或许我们会迷惑，因为她与我们心目中古代女子的形象相去甚远，甚至令我们震撼，但我们却会会心一笑，更加喜爱这个直爽坦白的女子。这不禁令我们开始思考，古代女德的真正含义到底是什么？

《褰裳》出自《诗经·国风·郑风》。在《诗经》中，我们接触了“淑女”一词。淑女在现在指以安静为主的美好女子，但它的本义却仅仅只是“美好的女子”。我们对“淑女”一词的误解，来源于中国封建社会对于女性地位压抑的逐渐加深，直到宋明理学达到巅峰。从先秦到秦汉，女子并没有受到如后世般的压抑。这从卓文君私奔，平阳公主、蔡文姬三嫁于人皆可看出来。这一点从古代的诗歌中也可以显现出来。《诗经》中不乏女子大胆求爱的诗，卓文君的《白头吟》也写道：“闻君有两意，故来相决绝。”汉乐府《有所思》中唱道：“闻君有他心，拉杂摧烧之，摧烧之，当风扬其灰，从今以往，勿复相思，相思与君绝！”魏晋之后，对女子压抑的程度却越来越深。唐孟郊《烈女操》中写道：“贞妇贵殉夫，舍生亦如此！”唐代已如此，更不要说之后的宋元明清了。自此，女德就被彻底歪曲了，出现一座座饱含血泪的贞节牌坊，一本《列女传》更是被歪曲后的“女德”的代名词。

从《诗经》中可以看出，先秦时代对女子的束缚并没有像后世那样不近人情。先秦时代的中国是轴心时代的一个重要中心，有儒、道、法、墨、名家等百家争鸣。这一时期思想开放，表现在对女子的要求上便是对女子的限制并不多。遇到对自己有意且自己也动心的男子时，她们会“投我以木瓜，报之以琼琚”；当她们思念情人而不得时，她们会大声唱出“一日不见，如三月兮”；她们更会在遭到丈夫背叛时表达出“反是不思，亦已焉哉”。

那么，从先秦时期就开始成型，后世又逐渐完善的“女德”原意是什么？当我们回归其最纯真的本意时，是否能给今天的我们带来一些思考与启示呢？

首先，我们就先来看一下古代女性的四德：德、言、工、容。

“德”是品德，德行。从古至今，这都是一个人的立身之本。在古代“七出”之条中，不顺父母为不孝，盗窃为品行不端，淫为秽乱伦常，口多言为无事生非。以上四条都与德行相关，会造成家庭不宁。即使今天，估计夫妻二人也要对簿公堂，解除婚姻关系。所以，德是每个人无论在什么样的境况下都要遵守的一种规范，无论古今。

“言”则是会说话。这里的“会说话”不是指巧舌如簧，巧言令色，而是知道说什么话，该怎么说。不能口出淫秽之言，不能背后议论他人，不能挑拨离间……这些都是今天我们仍然要遵守的做人的准则。当然，这个是无论男女都要奉行的。

“工”在古代便大致指女红。在古代，如果一名女子擅女红，则说明这个女子蕙质兰心，自然姻缘也就能尽如人意了。放在现代的语言体系里，便是鼓励女子有一门技艺。在现代，女子少了许多束缚，那么“工”的含义便可扩展为各种各样的行业。这并不说女子要在各个领域都要做到最出色，而是有自己的专长，有自己的安身立命之地，做到经济独立，不至于依靠男人，可以独立生活。

“容”指姣好的容貌，更是指令人舒服的面貌。古人讲究“身体发肤，受之父母”，即人的容貌是父母给予的，自己不能决定和改变。人们往往认为，相由心生。若是大度宽容之人，面容则是大方端庄；反之，则一眼便可让人看出其尖酸刻薄。由此可见,女德中对于“容”的要求在某种程度上也是要求女子修行内心,沉静温婉。所以,“容”也是在要求女子提高自我修养。

波伏娃认为女性是“被界定的第二性”。在西方,“第二性”的表现为丈夫有权干涉并决定妻子的方方面面。而在中国,对女性的压制的表现可大体总结为“三从四德”。“四德”或许有一些积极的时代意义,但那也只是其最本质的意义,而不是其在漫长的封建社会中衍生出来的各种歧视、压抑的含义。所以我们要吸取女德中能够修身养性的积极部分,更要抛弃其中不平等的落后观念。何况,若是女子能按照“四德”较为本真的含义来修行,又何尝做不到让男人刮目相看,真正与他们站在平等的地位上呢?

文学反射的是时代背景和民族精神。当我们真正理解了其中的含义之后,就能从中了解以前没有认识甚至歪曲的文化名词。正如女德,当我们从文学作品中去反复理解它时,得到的是不一样的思考与反省。所以,从文学中窥见每个时期社会的面貌和文化名词的含义,未尝不是一种事半功倍的明智行为。

平凡而又不凡的1587

赵芳泽

[山东大学(威海)商学院2014级人力资源管理专业学生]

热衷研习近代中国历史的人不会不知道黄仁宇。早年辗转于求学、从军之途,黄仁宇曾梦想成为中国的拿破仑,然而时代却不允许他有这样的机缘。后赴美求学,成为密歇根大学历史博士,以历史学家、中国明史专家、大历史观倡导者而为世人所知。

黄仁宇主张要"从技术上的角度看历史",而不能简单地以道德评价笼罩一切,强调背景和事件发生的众多原因的联系和因果关系。一个历史事件的出现,是经历无数先决条件后从量变到质变的变化过程。常人虽知其中原理却难以形容描述,而黄仁宇先生却用他独特的研究技巧和方法,为人们展示一个恍然大悟的必然结果是如何产生的。

"叙事不妨细致,但是结论却要看远不顾近。"这一方法尤其在他的《万历十五年》中发挥得淋漓尽致。

1587年,这是怎样的一年?黄先生写作时用"无重要意义的一年"为之冠名,但是我们都知道事实正好相反。这一年,是24岁的万历皇帝登基的第15个年头,元辅张居正去世的5周年,首辅申时行上任的第4年,南京都察院右督御史海瑞罢官在家和一代名将戚继光辞世的那一年,哲学家李贽削发为僧的前一年;时年29岁的努尔哈赤在东北崛起了:始建宫室,布教令于部中,禁暴乱,戢盗窃,立法制,然而朝廷却未予注意;西班牙无敌舰队即将出征英吉利,揭开世界历史新的一页……这一年似乎发生许多事,但又似乎不足以在历史的长河中荡起一丝波纹。

黄仁宇先生在结尾部分这样描述道："表面上似乎是四海升平，无事可记，实际上我们的大明帝国却已经走到了它发展的尽头。在这个时候，皇帝的励精图治或者宴安耽乐，首辅的独裁或者调和，高级将领的富于创造或者习于苟安，文官的廉洁奉公或者贪污舞弊，思想家的极端进步或者绝对保守，最后的结果，都是无分善恶，统统不能在事业上取得有意义的发展，有的身败，有的名裂，还有的人则身败而兼名裂。"

若是深究，万历十五年并不是风云悸动的一年，无甚可说，也无甚可写。但隐藏在一片歌舞升平后孕育着的是时代变迁的暗涌与中华民族即将到来的深重危机，通过探寻人物背后的命运、命运背后的时代背景、时代背景后的历史不可抗拒性，黄仁宇完成了自己对"大历史观"的一次总论证。

生长于中国而学成于美国，黄仁宇先生将西方的政治学与中国传统人文精神相结合，对万历一代、中国明代乃至整个封建社会进行了有关行政、司法、立法、军事、哲学、民俗等全方位的叙述和分析，其中更多地含有中西对比的意味。

由于看待历史的立场和观念不同，黄仁宇先生和《万历十五年》也曾饱受非议，但他和这本书绝不失为一位好的引路者。阅读这本书，不仅可以感悟到其中所写，更可以引导人去了解那些甚于书本身十倍百倍的人文社科知识和学者思想。凭着这本书，我们可以开始真正走进思想的大门。

费孝通眼中的中国

赵芳泽

[山东大学(威海)商学院2014级人力资源管理专业学生]

费孝通,江苏吴江人,著名社会学家、人类学家、民族学家、社会活动家,中国社会学和人类学的奠基人之一。

很多人对他的生平并不了解,但若是曾对中国的社会与历史稍有涉猎的,一定会对这个名字非常熟悉。曾经考过的题,书中推荐的经典,报纸杂志上的多次引用,足以让人们明白这位社科学者做出的杰出贡献。凝结着高度人文情怀又富有中国气息的《乡土中国》,便是他的代表作之一,对社会学感兴趣的不可不读。

该书取自作者20世纪40年代后期应当时《世纪评论》之约分期连载的14篇文章。通览全书,可以感受到一股浓浓的乡土气息。沿着作者的思路,可以一窥中国的基层社会。虽然事过境迁,但作者透视社会的眼光、观察社会的方法,仍然充满活力,值得借鉴。其14篇文章分别为:《乡土本色》《文字下乡》《再论文字下乡》《差序格局》《维系着人的道德》《家族》《男女有别》《礼治秩序》《无讼》《无为政治》《长老统治》《血缘和地缘》《名实的分离》《从欲望到需要》《后记》。

该书是由费孝通先生于20世纪40年代在西南联大和云南大学所讲"乡村社会学"课程内容辑录而成的。在此书中,作者用通俗、简洁的语言对中国的基层社会的主要特征进行了理论上的概述和分析,较为全面地展现了中国基层社会的面貌。

费老开篇就说:"从基层看去,中国社会是乡土性的。"鲁迅先生总是怒斥国民的劣根性，批判麻木不仁的国民性，然而只有批判是不够的，我们还需要知道这劣根性的来源。中华文明深深地植根于乡土社会，是来源于农村社会土壤中的。从这个基础上，就像人类脱离了大海来到陆地，中国的文明也慢慢进化到了城镇乃至城市，但追根溯源，一切的来源还在村落之中。

在最后一篇《从欲望到需要》中，费老认为"欲望并非生物事实，而是文化事实"。经济和政治形成了文化，文化又反过来深深地影响政治经济，要说举例，传统的村落结构便是最好的例子。"自觉的欲望是文化的命令"——很多时候，人们想做一件事不是天生或遗传的，是在后天环境中熏陶出来的。

长时间过着快节奏的生活，陶醉在信息爆炸和灯红酒绿中的我们已经许久不曾沉下心来感受生活了，遑论去认真地钻研社会学这样高深的学问。但是闲暇时间读一本这样富有哲思和朴实情怀的《乡土中国》，重新以传统为骄傲，对民族富有温情，你的情操和视野都会逐渐得到提升。

社会纷纷扰扰，沉下心来，觅一片净土，拥一片情怀。

“为社会和民族的人生”派作家——茅盾

冯晓佳
[山东大学(威海)文化传播学院2015级汉语言文学专业学生]

茅盾与其他“为人生”派的作家不同,他提倡的“人生”并非一人一家的人生,而是一社会一民族的人生。他强调要反映下层人民这一个阶层的生活苦难。因此他的作品大多着眼于某个阶层的整体状态,或者着眼于一个家庭,由一个小的切口来反映整个社会阶层。

《蚀》三部曲包括1927年写于上海的《幻灭》和1928年完成的《动摇》《追求》。《幻灭》的大背景是革命前夕的上海和革命高潮中的武汉。女主人公章静情感脆弱而富于幻想。她缺乏斗争的勇气,意志软弱。她对生活容易燃起希望,也容易感到失望。她讨厌上海的喧嚣和“拜金主义化”,在读书和爱情两方面都感到了幻灭。为革命形势所鼓舞,她到了革命中心的武汉。换了三次工作,每次都“只增加些幻灭的悲哀”。抱着这种脆弱的感情和幻想,章静寻求个人心灵的寄托和安慰,结果是一次又一次地感到幻灭。这些都反映了革命浪潮冲击下某些知识分子共同的特点和命运。在革命前夕,大多知识分子和怀抱着各自理想的青年都感受到了亢昂兴奋,就像主人公章静一样,总是很容易被革命形势感染。但是当革命真正到来的时候,各种问题使当时投身革命的青年有了一种幻灭感。章静很大程度可以代表当时对革命存有很多未知的一个社会群体。

《动摇》写了大革命时期武汉附近一个小县城的故事。作为革命联盟的国民党县党部负责人方罗兰,在革命形势急剧变化的时候,动摇妥协,助长了反革命的气焰。他知道混入革命内部的胡国光的罪恶而不敢揭露和斗争。他害怕人民群众的力量。当革命遇到挫折的时候，他不但束手无策，而且为了个人安全而决定离开革命。胡国光是一个“积年的老狐狸”，他利用种种卑污手段混进革命阵营，用伪装的革命面具掩盖自己的投机破坏行为。关于革命者李克，用墨不多，但勾勒出了他的敏锐果断、不屈不挠的革命精神。当革命危机已经显露的时候，李克以特派员的身份来到这个县城。是他指出了这个县过去工作的病根，是他冒着生命的危险去说服那些被胡国光所欺蒙和煽动的群众，是他当革命遭受了失败，把革命的武装力量转移到南乡去准备继续战斗。《动摇》中呈现的就是生活在农村县城里的人们对革命的一种无知和所谓的“革命者”在管理公会之中的丑恶表现。当时，有一些人全身心地投入并为革命做贡献，但也有一部分人投机革命，把它当作一种获得名利和荣誉的方式，正如小说里的旧乡绅胡国光。这部小说自然而然就是揭示了革命中间动摇和坚守的社会状态。

《追求》暴露了1928年春初知识分子的病态和迷惘。其中所写的人物，在革命高潮期间都曾有过一度的昂奋，当革命处于低潮、白色恐怖笼罩全国的时候，他们既不肯与反动派同流合污，但又囿于阶级的局限，认不清自己的正确道路。虽各有所追求，最终都不免于失败。张曼青的“教育救国”和王仲昭的“新闻救国”道路没有走通；章秋柳只能在官能享受的自我麻醉中毁灭着自己，也毁灭着别人；另一人物史循，则由怀疑、颓废以致求死不得。“理想与事实不相应合”，是这些人在“追求”失败后得出的共同结论。

茅盾的这三部曲就是顺着革命进程逐渐谱出的，因而《追求》就是在幻灭和动摇之后不甘寂寞尚思作最后之追求。用文学的形式揭示了在1928年经历了革命前夕的热烈和革命之中的动摇，知识分子中间广泛存在的迷茫。总的说来，《蚀》三部曲都非常贴合当时的社会实际，揭示了整个革命过程中知识分子的心路历程。茅盾为社会和民族写作的主张也很好地在书中表现出来。

茅盾于1931年10月开始创作、至1932年12月5日完稿的《子夜》，以十里洋场的上海为中心，以民族资本家吴荪甫和买办资本家赵伯韬之间的斗争为主线，全景式的反映了30年代初半殖民地半封建中国的社会现实。开丝厂的吴荪甫带乡下的父亲吴老太爷避战乱来到上海，扑朔迷离的都市景观使这个足不出户的老朽——吴老太爷深受刺激而猝死。吴府办丧事，上海滩有头有脸的人都来吊唁。他们聚集在客厅，打听战况，谈生意，搞社交。善于投机的买办资本家赵伯韬找到吴荪甫和他的姐夫杜竹斋，拉拢他们联合资金结成公债大户"多头"，想要在股票交易中贱买贵卖，从中牟取暴利。杜竹斋心下犹疑，赵伯韬遂向他透露了用金钱操纵战局的计划。吴、杜决定跟着赵伯韬干一次。这次合作，小有波澜而最终告捷。因为金融公债上混乱、投机的情形妨碍了工业的发展，实业界同仁孙吉人、王和甫推举吴荪甫联合各方面有实力的人办一个银行，做自己的金融流通机关，并且希望将来能用大部分的资本来经营交通、矿山等几项企业。这正合吴荪甫的心意。他的野心很大，又富于冒险精神。他喜欢和同他一样有远见的人共事，而对那些半死不活的资本家却毫无怜悯地施以手段。很快地，益中信托公司就成立起来了。当交易所的斗争日渐激烈，原先吴荪甫与赵伯韬的联合转为对垒和厮拼的局面。益中信托公司，作为与赵相抗衡的力量，形成以赵伯韬为"多头"和益中公司为"空头"之间的角斗。赵伯韬盯上吴荪甫这块肥肉，想乘吴资金短缺之时吞掉他的产业。新一轮的罢工到来，吴荪甫陷入内外交迫的困境。赵伯韬欲向吴荪甫的银行投资控股。吴决心拼一把，他甚至把自己的丝厂和公馆都抵押出去作公债，以背水一战。他终于知道在中国发展民族工业是何等困难。个人利害的顾虑，使他身不由己地卷入买空卖空的投机市场。公债的情势危急，赵伯韬操纵交易所的管理机构为难卖空方吴荪甫。几近绝望的吴荪甫把仅存的希望放在杜竹斋身上。千钧一发之际，杜竹斋倒戈转向赵伯韬一边。吴荪甫彻底破产了。

小说既起到了剖析社会的作用，也起到了讽喻政治的作用。小说塑造了一系列人物：金融资本家、民族工业资本家、小资本者、交际花、富家公子、工厂中下级管理者。在错综复杂的人物关系中对呈现了各种社会现象，小说里塑造的多个社会阶层的人物形象，既展现了社会情况又深刻地体现了民族现状。"社会和民族"在《子夜》的各个社会阶层的交往中得到了细致诠释。

从《蚀》三部曲和《子夜》中，可以清楚地看出茅盾对写作的主张：他主张写的人生是社会和民族的大人生，不管是在革命进程还是金融资本行业，由小处落笔，呈现大的社会背景，这是茅盾写作主张和方法的精妙之处。

《我在故宫修文物》观后感

杨　雪

[山东大学(威海)商学院 2014 级金融学专业学生]

当某位师傅骑着自行车,穿过层层红墙到外面只为偷闲抽根烟时,再到众人打杏儿时,和着阳光喂着“御猫”时,偶有闲暇弹着吉他聊着天儿时,饶有兴致地介绍院子里种的各种花草时,你又是否能想象他的日常呢?这种反差本身就是一场伟大而奇妙的相遇。

《我在故宫修文物》是目前为止唯一一部拍摄故宫稀世文物修复故事的大型纪录片。完全意想不到的风格,很燃很纯粹。你一定会爱上这种意想不到的平实和有趣,处处透着热忱与从容,想走近,想走进。

他们与文物相遇更相知,千年的传统技法和陈旧的工具更饱含传承的温度。世世代代传承千年的修复师们与手中的文物永远在进行着一次穿越时代的对话,这是一场奇幻的相遇、注定的相知。

生　机

第一集中的王津老师,背着手,站在慕名而来的人群中,望着橱窗里自己刚刚修复了几个月的钟表,对着镜头说了句“有点心疼”。此时此刻从他身边川流而过的游客们,又如何才能想到:正是这位与自己擦肩而过的精瘦的长者,让他们眼中无比瑰丽、趣味盎然的国宝钟表得以复原,犹如再生。让树木掩映下的大门打开,让河水湍流、船只航行,让每只小鸡都挥动翅膀,让天鹅扭动身姿:那才是它本应有的鲜活的生命,那才是王师傅修复它的精髓和意义。

最感染、最打动我的,还不是他们的高超技艺,而是修复师们的状态:沉稳亲善,从容饱满,满满的生机。他们没有因为工作严肃而沉闷,却意外地幽默平和。向上的热情更能让人感觉到这份职业饱含着旺盛生命力。他们在延续,在传承,让人安心,让人放心。

相　知

他们对于文物的意义绝不仅仅在于修复。世世代代传承千年的修复师们与手中的文物永远在进行着一次穿越时代的对话,这是一场奇幻的相遇,注定相知。他们不仅融入着自己的情感,更渗透着自己的审美趣味和品格意志。用自己的修养与眼光去看待它们,用自己的全部理解点滴滋润着手中的宝物,重新焕发着它们的光彩,不知不觉注入自己的痕迹。品格不同、审美不同、心境不同,会有着完全不同的修复结果。瑰宝千里迢迢找到与自己相知的修复师,是真正的幸运。正是这场奇遇,才注定了这些文物拥有生命。修复师握着灵性的文物,他们与文物的缔造者们对话、与文物本身对话。时不时体悟着文物的巧夺天工、精妙绝伦。

瑰宝千里迢迢找到与自己相知的修复师,是真正的幸运。

因为有了人,每一片砖瓦、千年瑰宝、紫禁城也才有了生命。只有人的制作、人的欣赏、人的赞叹、人的传承,才让他们拥有了灵魂和生命。纯粹的物件永远是死的,人的情感永远是活的。

附上屈峰的原话:

> 文物其实跟人是一样的。你看,我们从过去最早的时候说,玉有六德,以玉比君子。玉就是一块破石头,它有什么德性啊,但是中国人就能从上面看出德性来。所以中国人做一把椅子,就像在做一个人一样。他是用人的品格来要求这个椅子。中国古代人讲究格物,就是以自身来观物,又以物来观自己。所以我跟你说,古代故宫的这些东西是有生命的。人在制物的过程中,总是要把自己想办法融到里头去。人在这个世上来了,走了一趟,虽然都想在世界上留点啥,觉得这样自己才有

价值。很多人都一般认为文物修复工作者是因为把这个文物修好了，所以他有价值。其实不见得是这么一个简单的方面。他在修这个文物的过程中，他跟它的交流、他对它的体悟，他已经把自己也融入到里头。文物是死的，要文物干什么。要文物的目的就是为了要让它传播文化，对吧，不是说文物就是为了保留一个物品放在那儿，那没有什么价值。

感 动

《我在故宫修文物》纪录片里，还有大量修复人员工作的细节捕捉。比如，令我感动的一个片段：漆器组的人员修复乾隆御稿箱。

你现在看到的图片是清理完之后的样子。普通的雕漆，有12层黄、25层的红。而御稿箱漆层厚度有120层左右，表面一层红色，中间一层黄，下面一层绿，底漆为黄漆。雕漆的工艺也相当复杂，整体是皇家用的云龙纹，工艺水平和制式都是顶尖的。虽然文物修复过程听起来非常高大上，但是其背后的艰辛无人能懂。几乎所有的漆器和制作修复人员都要忍受难熬的生漆过敏。生漆：漆树上采割的乳白色胶状液体，接触空气后变成褐色；数小时，形成漆皮。生漆需要经过炼制后，加颜料才会更适用于文物的着色。

这真叫人肃然起敬。

当我们在藏馆里叹为观止的时候，又有多少人会联想到：若没有这群朴实无华的故宫博物院工作人员日复一日年复一年地修补和维护，藏品又怎能闪耀出瑰丽的光芒呢？

在此感谢他们灵巧的双手，还有和手一样澄清透明的心灵。

温 度

纪录片记录着这群有意思的人，还有他们手中的代代传承。如今早已见不到的师徒制，依然存在于这里。越来越多的年轻人毕业之后因为各种各样的机缘，来到这里，有了自己的师傅。这是传承的温度。正因为有他们，才能有修复的新生。文物从过去走来，又拥有无尽的未来。超越了时间的禁锢,文物修复恰好活在此时此刻。

纪录片中依然能看到那些已经延续了千年的技法,朴素而有效。在高科技盛行的当下看着这些传统的方式,感觉特别有意思。制浆糊,晾树漆,用猪血等等,这也是传承的温度。而中华民族的复兴,也需要这样的传承,更需要从中获得新生。

巍巍华夏，文化之邦，自信为本

张　旗

［山东大学（威海）商学院 2016 级金融学专业学生］

党的十九大报告指出，文化兴则国运兴，文化强则民族强。文化是民族的血脉，是人民的共有精神家园，是一个民族安顿灵魂、确证生命价值意义的心灵港湾。一个民族，若对自身文化没有自信，则必将丧失自我确证、自我认同的根基，从而流为四分五裂的散沙。因此，文化自信对民族认同和民族团结具有至关重要的意义，对中国来讲，要想实现中华民族的伟大复兴，就需确立高度的文化自信。

中国文化自信的“底气”植根于 5000 多年中华优秀传统文化，来自于深厚的民族文化底蕴。中华优秀传统文化蕴含在讲仁爱、重民本、守诚信、求大同的思想精华之中，如“与人为善”的仁爱思想，“民惟邦本”的民本思想，“言必信，行必果”的诚信思想，“大道之行也，天下为公”的大同思想，以及“天下兴亡，匹夫有责”的爱国思想等，这些都植根于中国人的血脉深处，潜移默化地影响着每一位华夏儿女。因此，中国要文化自信，人民要朝气蓬勃，必须弘扬中华优秀传统文化，汲取中华优秀传统文化中的思想精髓，赋予优秀的传统思想以全新的时代价值，并要敢于传播中国传统的优秀声音，阐释中国传统的文化特色，从而增进世界人民对中国文化的了解和喜爱，增强中国人民对于传统民族文化的认同感、归宿感和自豪感。

中国文化自信的“勇气”传承于百年来伟大斗争的革命文化，开拓于伟大的革命斗争精神。伟大斗争的革命文化是巩固文化自信的基础，更是中国人民和中国共产党勇于斗争精神的集中体现。近代以来，鸦片战争的炮火轰开了帝国的大门,一场千年未有之大变局被迫开启。在列强渐次侵略的进程中,中国走到了亡国灭种的边缘,中国文化自信心也受到了强烈冲击。然而,英雄的中国人民并未屈服,反而用一次次的革命行动给予列强和反动势力最强有力的打击。尽管农民阶级革命文化和资产阶级革命文化存在着阶级和时代的局限性,但是伟大斗争的革命文化正是在无数革命者抛头颅、洒热血、救国救民、强国富民的奋斗理想中形成和发展而来的,特别是无产阶级革命文化,它更是用全新的革命文化重塑了中华民族精神和中国文化形象,使中国人民逐渐找回了文化的自信,并取得了革命的成功。然而,近年来有一些人打着"学术历史"和"重评历史"等旗号,大搞历史虚无主义。他们贬低革命,污蔑丑化英雄和历史人物,歪曲历史,否定红色文化,这是极不负责任的做法,也是对革命文化的极大亵渎。因此,中国人民要想文化自信,必须勇于回击历史虚无主义,勇于积极传承伟大斗争的革命文化。我们要加强对革命文化的研究学习,以充分的史实回击历史虚无主义,同时传承革命文化,用长征精神、延安精神、西柏坡精神等革命精神来砥砺梦想和坚定信仰,做到"心中有信仰,脚下有力量"。

中国文化自信的"大气"体现为社会主义文化的大发展大繁荣。社会主义先进文化是坚定文化自信的指引,更是实现中国人民永葆自信的核心。这种先进文化鲜明地体现在大庆精神、雷锋精神、焦裕禄精神、"两弹一星"精神、抗洪精神、载人航天精神、抗震救灾精神等文化精神之中。目前,中国文化自信中最核心的内容就是中国拥有社会主义先进文化。正如毛泽东所说:"自从中国人学会了马克思主义以后,中国人在精神上就由被动转入主动。"因此,中国要想永葆文化自信,必须继续发展和完善中国特色的社会主义先进文化。必须坚持马克思主义的指导地位,推进马克思主义中国化、时代化和大众化,并培育和践行社会主义核心价值观。

随着全球化的深入,文化的交流与传播逐步成为各国加深相互了解的重要形式和内容。与此同时,文化的冲突与攻守也逐渐成为国际冲突的深层次因素。文化由于其传播的柔和性和隐蔽性,经常在"润物细无声"的情况下,裹挟在各种各样文化产品中,特别是西方的电影、宗教和产品宣传方面,实现对别国异族的冲击和征服。

中国要永葆文化自信，必须赋予优秀的传统思想以全新的时代价值，传播中国优秀文化声音，传承革命文化，培育和践行社会主义核心价值观，为坚定中国特色社会主义共同理想和共产主义远大理想汲取精神养料。当前，基于世界文化发展大势，中国已不失时机地作出理性研判，把文化自信提到“四个自信”的战略高度，以此来提升本国人民对于本民族文化的自信力和对外来文化侵略的抵抗力。

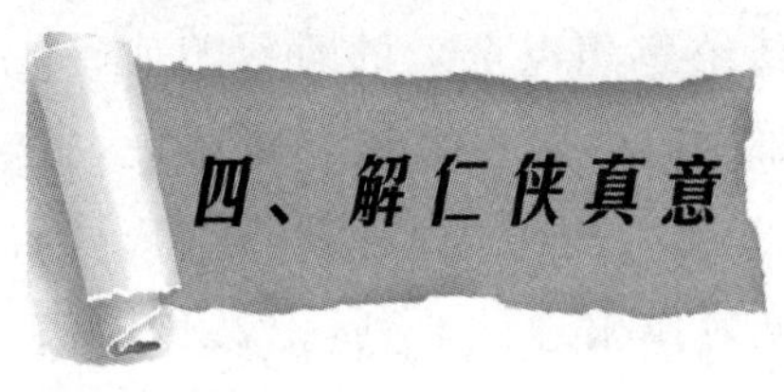

大仁大义张无忌

秦晓娟

[山东大学(威海)2015 级汉语言文学专业学生]

有些事是无法掩藏的,比如,一个人内心的纯净。内心赤诚的人,即便历尽风霜、饱受煎熬,亦不会坠入魔道,比如张无忌。在金庸打造的武侠世界中,张无忌应该是个江湖中如雷贯耳的名字了,明教教主,侠肝义胆之风姿,常人难以望其项背。

因为欣赏洒脱的爱情,我迷上了快意恩仇的武侠世界。从这个角度,毫不避讳地说,张无忌是我最不喜欢的金书主人公。在情感世界中,他毫无主见,左摇右摆,甚至萌生过坐享齐人之福的不堪念头,若非时势相逼,他可能永远不会明确自己的心意。他也从未否认,自己这一生,从来都是顺其自然。因为事态的发展将他身边的红颜知己一个一个推远,迫使他作出了最后的抉择。在我看来,着实委屈了冰雪聪明又执着无悔的赵敏。但是,爱情的失败并不能否定一个人的人格魅力。少时亲眼目睹父母因所谓"正派"的施压枉送性命,自己也身中寒毒,不断经历生离死别、欺骗背叛使这个少年身上总带有与年纪不相称的凌厉和决绝。但没想到的是,时间的打磨没有加重他的恨意,反而消弭了他的戾气。当初眼中泣血的少年,竟成长为一个救死扶伤、悲天悯人的侠士。

因应了纪晓芙临终托孤的遗愿，年幼的他毅然万里护送不悔妹妹，到达目的地后仅用只言片语道清情形，毫不渲染甚至未曾提及自己一路以一己之力扛下的所有磨难；因忧心明教多条性命，他挺身而出迎战八大门派于光明顶，再遇当时逼死他娘亲的各人嘴脸，他保持理智与克制未下杀手；因众人性命托于己手，他临危受命担当教主重任，却承诺会交还狮王，不敢有所图；因众派陷于金人之手武林危矣，他以德报怨拔刀相救。他的一切决定，看似都受了情势的胁迫，却无一不是从仁义出发，无一不显示出他坚强的意志与坚定的内心。张无忌的心中，“义”字当头。很多事，于他而言，不是为名，不是为利，甚至可能都不是出于情，而只因为他觉得“应该做”。他看似随波逐流，却始终秉承“义”之一字。

金庸曾说张无忌是他书中最富侠义精神的人物，虽然没有郭靖的苍生为念、万民称颂，没有杨过的潇洒不羁，但却最当得起“侠”之一字。他赤诚真挚，一诺千金，他的思维方式从来都是不自觉地以他人为先、以道义为先。在我看来，张无忌淳朴良善，却不似郭靖近于愚笨。单纯豪爽是郭靖的天性，他不了解人心的险恶，也难以想象一个人的恶会达到什么程度；但张无忌不同，他本性聪颖明慧，从他武功的吸收与进步、对明教上下指挥得当便可看出，其实他明白世俗无奈，体会过礼法迫使下失去亲娘的滋味，也了解人心难测，从他对赵敏最开始的态度便可知晓。但张无忌的可贵之处便在于，他知道别人欺凌他，也是一笑了之，不予计较，哪怕明白世道艰险、人心叵测，依旧守得住自己的单纯，守得住自己的正气，这才是赤子丹心。

“倘若大家不杀人，和和气气、亲亲爱爱的都做朋友，岂不是好？我不想报仇杀人，也盼别人也不要杀人害人。”张无忌曾如是对赵敏表达自己的祈盼，这心愿就像是小孩子的言语，天真得让人发笑。其中蕴含的是张无忌对于人生的价值判断与价值选择。他看上去软弱的性格中，其实饱含强烈的生命意识，他对生命的尊重与爱护，在那个打打杀杀的世界，就像一股倔强的清流，用尽全力想要净化整个江湖。

生逢乱世，时势却并未把张无忌塑造成一个力拔山兮的英雄，他的怜悯心实在太重，做不到一代枭雄的果断利落。“路见不平，拔刀相助”更适合他这种道义为先的侠义之士。他更适合做一个独来独往的侠士,而非挥斥方遒的领导者。张无忌永远是拖泥带水的,因为他没办法只为自己而活,他想做的是除恶,他想达到的,是一个真正的侠士心中想象的仁义世界。

萧峰的选择

郑　毅

[山东大学(威海)商学院2016级物流管理专业学生]

每个人的选择,都可以是一朵花、一片叶,都会绽放。有的选择,经历了岁月的风吹雨打,会变成一株菩提。

萧峰成为辽国南院大王,他可以一辈子享受荣华富贵,也可以卸甲归田,与兄弟们煮酒论茶,谈香说道。此时,一个复杂的悲情人物故事才刚刚开始。当他听到辽皇要出兵南征大宋之时,北国漫天的白雪再也遮不住他回归的愿望。他要回去,回到那个养育他几十年的地方,他不愿天下百姓生灵涂炭,不愿战事再起。然而,回归大宋注定是失败的。辽皇是他的兄长,作为统御四方的辽皇自然知道这个在南方长大的臣弟拥有万军不当之勇,所以纵然翻脸,为了辽国开疆扩土,他宁愿锁住这位万军中之勇夫。

有两个女人对萧峰影响最大,一是许下待世事诸清雁门之外放马牧羊的阿朱,另一是阿朱的妹妹阿紫。在小镜湖萧峰不慎失手打死心爱的阿朱,一生都在悔恨。对于阿朱死前的遗愿——照顾阿紫,萧峰自是不敢放下心头。阿紫因萧峰对姐姐的深情从而喜欢上姐夫,辽皇自是精明,抓住了阿紫喜欢姐夫的心理,骗她世上有钟情之药,只要姐夫喝下,从此无论雁门关是否还有个心爱的女子在他脑海萦绕都无关紧要,而只钟情于她一人。药乃毒药,暗无天日的地牢早已为萧峰准备好,辽皇还是没有放弃这位有万军之勇的臣弟,还是令众臣劝诫。

萧峰的两位兄弟,一个是大理皇室子弟身兼绝学的段誉,一个是灵鹫宫主虚竹,武功自是不逊。听闻大哥受难,两人自是好生谋划救出萧峰。看守牢狱的士兵本不敌武林高手的手段，萧峰逃出地牢。但辽皇亦不软弱，亲率三军追逐。众人追追逃逃，一路到了宋辽的边界雁门关。

这雁门关对萧峰有着太多的意义。阿娘身死，自己流落；对阿朱许下的放马牧羊，如今也是沧桑。此刻萧峰的内心是无比煎熬的。身为大辽子民，他不想北境男儿南征而战死沙场；大宋是养育他、给予他众多美好的地方，他自是不想大宋生灵涂炭。今天，如果换了一个人在萧峰的处境，在大宋受了这么多的凄楚，恐怕早就已经想好了各种报复，只待时机一到，便立刻挥兵南下，直取汴京成就不世之业。但萧峰不是，他是如此的仁义，他坚信以前即使有人欺他、侮他、辱他，也不过是受了小人的挑拨。如今要是再兴战事，孤苦的还是天下百姓啊！

雁门对峙，辽皇被胁迫。依契丹的规矩，俘虏当以彩物赎身。萧峰自言，彩物不求金山银山，只要辽皇答应有生之年大辽士兵不得踏入大宋边界一步。辽皇心里苦闷。关外大辽铁骑雄风展展，正是成就伟业的绝佳良机，如今性命攸关，天下百姓哪有他一人性命尊贵？辽皇拔出随身宝刀，直指萧峰说道："大辽三军听命，在我耶律洪基有生之年，一兵一卒不许侵犯大宋边界一步。"说完宝刀折断，掷地有声。他对萧峰并不理解："我们曾经也有过三拜九叩结，也曾抛头颅、洒热血，也曾对着这江山许下诺言，今生好好守护！如今你却为了那虚无缥缈的仁义，弃我大辽万千子民于不顾！"作为大哥，他只懂得萧峰的万军之中取敌将首级的本领，却不懂他这位兄弟多么重情重义！三十年丐帮弟子的经历让他知道天下百姓的贫苦，家破人亡让他知道团圆美满的味道有多么香甜！如果可以，他真的只想和阿朱做一对平平凡凡的夫妻，牧马放羊于雁门，日出而耕，日落而息。

雁门关成了萧峰的最后归所，辽皇不再犯宋，而他再也回不去了。他要告诉天下的君王：这天下是天下人的天下，万不可为一人之欲再兴兵火，生灵涂炭。这个在雁门关自尽的男子，如此多情，如此英勇，又如此仁义！

侠之大者,为国为民

钱冬琴
[山东大学(威海)商学院2016级会计学专业学生]

蒙古大营中忽必烈用吊民伐罪来忽悠郭靖,并且说“民为贵,社稷次之,君为轻。这话当真有理。想天下者,天下人之天下也,唯有德者居之”的时候,一般人是很容易被蒙骗的。这时候我们看到了“侠之大者”思想的通透。郭靖怒斥了南宋政府,痛骂昏君奸臣,表示自己的一腔热血是为普通生灵所洒。蒙古军屠城太过惨无人道,自己的满腔热血是为我神州千万老百姓而洒。郭靖真心为天下百姓,所以他才这么迅速、有力地驳斥得忽必烈等人哑口无言来看。他有大智慧、坦荡磊落、胸怀天下,用一生彻底实现了“为国为民”这一“侠之大者”的目标,他巨大的人格力量也感染了他身边的人,包括他的家人及《神雕侠侣》的男主角杨过,带领他们走向正面的人生路、改邪归正的康庄大道。

郭靖曾对杨过说:“我辈练功学武,所为何事?行侠仗义、济人困厄固然乃是本分,但这只是侠之小者。江湖上所以尊称我一声郭大侠,实因敬我为国为民、奋不顾身地助守襄阳。然我才力有限,不能为民解困,实在愧当‘大侠’两字。你聪明智慧过我十倍,将来成就定然远胜于我,这是不消说的。只盼你心头牢牢记着‘为国为民,侠之大者’这八个字,日后名扬天下,成为受万民敬仰的真正大侠。”从这可见在郭靖心中侠是应肩负重任,为国为民的。他对国家的忠诚和奉献,先人后己,将个人理想、前途和祖国命运前途联系在一起,这种将个人的幸福与民族的兴衰紧密相联的精神不正是范仲淹口中的“先天下之忧而忧,后天下之乐而乐”吗?

看过许多郭靖的人物评价，最合我心意的是仲浩群先生的评价。仲浩群说，天下为怀、苍生为念，是侠的最高理想。在民族冲突极其尖锐时，郭靖把人民的苦难放在第一位。他的仁心义胆是以天下百姓的生死存亡和民族国家的安危祸福为念，因而大义凛然、大气磅礴。而且这一位大英雄令人钦佩之处不仅在于他战胜了自己天生资质愚钝，以博大胸怀和坚强意志练成了绝世的武功，而且在于他超越了一己的私家恩怨，成为一个奋不顾身甚至知其不可为而为之、挽救民族危亡的大英雄。民族精神是一个民族赖以生存和发展的精神支撑，一个民族如果没有民族精神的支撑，就会失去动力，根本谈不上屹立于世界民族之林。郭靖这样的侠义英雄身上就体现着我们的民族精神。

侠之大者，为国为民，便是对他最好的评价！

从少林武功看仁侠本质

周鹏程

[山东大学(威海)法学院2015级行政管理专业学生]

古之语曰:天下武功出少林。从古至今,武林门派不计其数也。各门派武功精而绝者不在少数。譬如参合庄慕容氏之斗转星移,逍遥派之北冥神功,星宿派之化功法,连珠腐尸功,丐帮之打狗棒,降龙十八掌,大理段氏六脉神剑……武林之中以一门之技立于江湖者,以一门之技显赫江湖、纵横一时、风云霸气者,多多。然千百年逝去,诸君还闻慕容氏、逍遥派、星宿派之纵横江湖、驰骋风云焉?非也非也。此如昙花之一现,烟花之一瞬而已。千百年来还屹立于江湖之上,历风云而不倒者谁?少林派也!

自达摩祖师东传佛法,生根立地。此后或荣或辱,或兴或衰,譬如有源之水,千百年绵绵未绝。天下人窥少林之绝技,或做梁上君子,或做挑衅武夫,或做门下弟子,以求少林一技之长也。少林武学堪泰山北斗,中流砥柱,千百年未绝者,其真无道焉?非也非也!

少林武功之大放异彩,其一在精。少林七十二绝技承达摩堂、罗汉堂、般若堂、菩提院、戒律院分而习之。非一人一堂可窥其要义。各院首座各修绝技,各有千秋。如实可戒广而浅,豁功夫之要义,研少而就精。假例而喻之。玄慈神僧执掌少林,固有过人之天赋,然数十年来精研大金刚掌,终得要义。凡数十年之功,凭一掌而闻名江湖,尽在此也!

其二在忌。练功有五忌。一忌荒惰,二忌夸矜,三忌躁急,四忌躐等,五忌酒色。练功有七伤:近色伤精,暴怒伤气,思虑伤神,善忧伤心,好饮伤血,懒惰伤筋,躁急伤骨。知此五忌、七伤,始足与言练功。佛门弟子戒酒戒色戒骄戒躁,跳出三界外,不在五尘中。不为红尘俗事所恼,不为功名利禄所累。故而凝神聚气,静心敛气,排一切之忧,方能成也!此谓忌之功也。

其三在容。容天下不能容之事,忍天下非可忍之事。虚怀若谷,善哉善哉!容者,囊四海之水,括八荒之地。譬如大江之水,浩浩荡荡,遇方而就圆,上善若水!古语曰:树大招风。少林因容生善,善生谦,谦生虚,不可捉摸也,不可度量也!容可避风大摧树,折断锋芒。容而求立足,谦而求发展,故少林千百年来绵绵未绝者,功在容也!

其四在足。足,戒贪戒得。食少而味精,贪多而胀腹,此理是也。佛门弟子清心寡欲,不求山珍饕餮,丝纶锦缎,只需素餐果腹,素布裹身,此为足也!练功者,不求多快好省,不争一朝一夕。天龙之中,玄澄技压少林,身兼十三种少林绝技,后经脉尽断,难以恢复,呜呼哀哉,所谓何也?此乃贪多而佛法不深,强练而不知进退,致戾气与功俱增,日复一日,累而聚之,终于爆发,经脉俱损,为之奈何!故而出家人首戒在贪,知足为乐,大大之妙也!

少林之纵横捭阖,实乃精、忌、容、足之功也。而观红尘之人,非大侠大仁者所能为。凭此而观,谁能兼四者而为一之?能做其一者亦寥寥无几。侠之大者,为国为民,侠之本质,其在四德。四德为何?功夫之精,身心之忌,心态之容,知足常乐!

一生重大局

周家欣

［山东大学（威海）数学院 2015 级数学与金融实验班学生］

感动中国里有那么多感动与眼泪，一种内向的高贵最是让人心为之所系。

受命之日，寝不安席。这或许是我听过最美的不安。临危受命，临急受命，满心都是国家大局。于敏用最高贵的行为向我阐释了最高贵的情感。世上总有离乱，只因为一种信念，而略去那煎熬之苦，觅一方安静书桌专注于氢弹。世上也有懦弱，只因为一个梦想，而略去犹豫，把一只吴钩申城淬火铸造国之大器。世上总有遗失，只因为一句嘱托，略去所有现实的困难，为一件事苍白了头发。我在于敏身上看到了军人的担当，让平凡的世俗不那么平庸。

十月出塞，锋锷不只是一种能力，对于于敏来说，那更是一种担当，当祖国需要的时候，毅然决然，一把好剑也可以回炉重造而没有丝毫怨言。

尤让我惊讶的是他克服困难的能力。没有留过洋，没有掌握尖端科技，这都不是阻止他前进的理由。国家需要氢弹，他便义不容辞。没有技术可以学，一个星期只有夜晚的 10 个小时运用电子管计算机，他和他的团队就用算盘、用计算尺计算。成千上万个数据就这样在他们手中产生。没有比人更高的山，没有比脚更长的路。1967 年，那个会被美国以核武器威胁的中国再也不存在了，取而代之的是一个充满自信、活跃在国际舞台、挺直腰杆不用受任何武器威胁的中国。这是一个中国军人存在的意义，也是一个有国界的科学家毕生追求的目标。

还有就是于敏先生的谦虚。接受采访时，他总说："不是我一个人的功劳嘛，是整个团队。虽然我也是有作用的，但和大家的作用都是一样的嘛。"

这是真正的大家风范，也让我看到一个科学家海洋般宽阔的心胸。也许这真的不是他一个人的功劳，也许，没有同伴，于敏不可能有这么大的成就，但是一个伟大的人能够做到不邀功、不自矜，这本身就是对科学精神最完美的阐释。谦虚是一种美德，谦虚更应该是一种动作，一种从骨子里透出来的优雅的气质和不俗的视野。于敏把这种美好体现得恰到好处。

于敏先生对国家的热爱程度远远超过了对生命的珍惜。身体好的时候搞科研，为国家做贡献，这是职责，也是付出，但是当年老体弱、疾病缠身的时候仍在岗位上默默坚持，对工作不离不弃，这就先是付出，再是职责了。没有华丽的话语，也没有过多的承诺，他做的仅仅是把国家利益放在第一位，把国家需要作为唯一的标准。感动也就在那一瞬间，看着他苍老的脸、满头的白发，一个笑容似乎把一生的困苦都看淡，似乎说着，这一生，这样，也值了。

于敏说，机会应该留给年轻人。这又是另一种让我感动的晚霞情谊。为霞尚满天，身为长辈，支持后辈的成长，尽自己的努力为国家培养新一代人才，这是一个科学家对国家后续有人的最美的期待。

感动中国，感动的还是我们平常人的心，感动的是以后每一个平凡的日子里一点点的善举，这样世界便不会平庸。

新时代的英雄情怀

王平平

[山东大学(威海)商学院 2016 级会计学专业学生]

“一个有希望的民族不能没有英雄,一个有前途的国家不能没有先锋。”这是习近平总书记的英雄情怀。总书记在多次重要场合提到“英雄”,要“崇尚英雄,学习英雄”,要知道“人民才是真正的英雄”。

新时代,我们崇尚英雄。2018 年 5 月 26 日,《人民日报》客户端发布了一幅《英雄长卷》,一幅长卷里面,囊括了近代以来 29 个民族英雄代表。有“生当扬威,死当壮烈”的关天培,有“试看将来的环球,必是赤旗的世界”的李大钊,有“我应该在烈火与热血中得到永生”的叶挺,有“愿永远做一个螺丝钉”的雷锋,有“宁可少活二十年,拼命也要拿下大油田”的王进喜,有“国家花大力气培养我,我要一直飞下去”的余旭……

他们是近代以来中华民族无数英雄的缩影。一位英雄人物,就像是历史的一个节点,看着这幅英雄长卷,一种民族自豪感和民族责任感油然而生。中国自古以来从不缺少英雄,英雄的内涵很丰富,可以是愿为祖国和人民奋斗终生牺牲一切的人,为旧社会求变革的人,带来思想新潮的人,为国家科技埋名半生的人,爱岗敬业一心为民的人……看着这幅历史长卷,令人感叹的是,无论身处的环境如何,总会有人愿意为国家奉献自己,这是值得我们钦佩的。

铭记英雄,不是单单为了记住他们的英雄事迹,更多的是培养英雄情怀。很多人讲,我不是军人,无法守护国家安宁;我不是宇航员,无法为航天事业添砖加瓦;我不是科学家,无法为中国智造献一份力;我不是基层干部,无法为民生多掂量;我不是英雄……其实,成为英雄的行动可以很“浅”,“浅”到兢兢业业、向上向善、乐于奉献,在网络匿名时代保持清清朗朗的话语。这些行为折射出的是一个人的英雄姿态,这是需要用一生的时间去坚守好的品质,需要有不畏强暴、抵制恶势力的勇气,需要有踏踏实实一直走下去的耐性,需要时刻在为己的时候多想想他人的无私,做到这些已经很“重”很“重”了。

“以青春之我,创建青春之国家。”我们是新时代的青年,是国家未来的建设者。身为国家青年,应当时刻谨记要成为人才,为国家图富强。用青年人独有的激情与热情、踏实与肯干,学好科学知识,将积极向上的能量传递给更多人,艰苦奋斗,让国家的富强目标成为现实。

如果每个人都敬佩“英雄”并愿意以“英雄”的姿态生活着、奋进着,总有一天,“中国梦”可以变成现实,让世界看到中国的雄姿。

外交家安文彬

李　威

[山东大学(威海)商学院 2016 级物流管理专业学生]

《朗读者》是中央电视台推出的大型文化情感类节目，以个人成长、情感体验、背景故事与传世佳作相结合的方式，选用精美的文字，用最平实的情感读出文字背后的价值，节目实现了通过文化感染人、鼓舞人、教育人的传导作用，展现了有血有肉的真实情感。

《朗读者》一经播出就拥有很大的关注度，广受好评，口碑炸裂。首期播放量达到了千万次。我想这与节目中每一个有故事、有内涵、有底蕴的朗诵者或感人肺腑、或波澜起伏、或铿锵有力的朗诵密切相关。看过多期《朗诵者》后，在众多的朗诵者中，有一位头发花白的老人最让我印象深刻。当老人用自己缓慢而有力的声音朗诵着《可爱的祖国》，让人无法不为之动容。

这位老人叫安文彬，曾经在两年的时间里进行了多达 22 轮的谈判，最终在 1984 年 12 月 19 日正式签署了《中英联合声明》。在与世界大国的谈判中，他为了国土的完整，斡旋纵横，为了祖国分秒必争。这种为了祖国利益丝毫不让的风骨，是民族英雄的风骨。

1982 年，邓小平提出，关于收回香港主权问题可以用“一个国家，两种制度”(简称“一国两制”)的方案解决。他强调：“关于主权问题，中国在这个问题上没有回转余地。”就此展开了长达数年之久的香港回归问题的谈判。

安文彬与英方代表无数次斡旋只是为国争取 2 秒，誓让五星红旗在 1997 年 7 月 1 日 0 时 0 分 0 秒准时升起！这一伟大壮举让几千双眼睛向鲜艳的五星红旗和紫荆花区旗行注目礼。而这仅仅是安老先生壮阔生涯中的一件事而已。

2001年,亚太经合组织(APEC)首脑会议10月底要在中国上海举行。这次会议包括小布什总统、普京总统在内的22个国家和地区领导人出席,是中华人民共和国成立以来首次举办有如此众多重要国家领导人参加的会议。为了办好这次会议,安文彬奉调回国,作为外长助理来筹建这次会议,担任APEC组委会协调办公室主任,负责统筹、协调中央和省、市10多个单位参与的会务工作。正当APEC组委会筹备工作接近完成之时,突然发生了"9·11"事件,一切都得重新部署,难度增加十倍。尽管如此,中方还是成功地安排了小布什总统与会,将"反恐"列为该会的重要议题,会议办得圆满、安全、成功。世界妇女大会、香港回归交接典礼、APEC上海会议,这些都有安老先生的心血和杰出的贡献。

在《朗诵者》中,安老跟我们讲述着香港回归交接典礼前的"2秒之争",眼神里传递出的是"分毫不差"。虽然已过去了20年,但安老说起那段经历依然激动,泪水纵横。与英方谈判时的据理力争,国旗升起时的热泪盈眶,以及今日忆起那天往事的一句"香港,你终于回来了",表现出的都是他对祖国满满的爱,让人动容。

朗诵者安文彬,外交家安文彬,他把自己的一生奉献给了祖国的外交事业,面对外国的压力分毫不让,誓死捍卫国家主权和利益,他一生都无比深沉地爱着自己的祖国。此等风骨与精神,作为当代青年的我们,应当学习、继承和发扬。

《信中国》——穿越时空的力量

李子琦

[山东大学(威海)商学院2017级保险学专业学生]

一封信,是一条连接人与人的纽带,它可以跨越空间的层层叠嶂,将两颗思念与关切的心紧紧相系,承载两颗心灵之间的对话。

驿寄梅花,鱼传尺素。书信,是一种保留情意和时间的独特方式,它寄托着写信人的厚重深情,蕴含着收信人的翘首期盼。而我们在这个高速信息化的社会里获得了前所未有的便捷的同时,却也失去了细腻淳朴的情感交流。人们偶尔会停下回味这样的情感,却终将“信”遗留在了时间的沧桑变迁之中。

改革开放的40年,我们收获了经济的飞跃发展、国家的富强、民族的复兴,而我们更需要汲取的是来自文化的力量、来自灵魂深处的共鸣与认同感。这种需求的渐渐增加,使央视在《中国诗词大会》《朗读者》后,又推出了一档以“信”为载体、传递“信仰、信念、信守、自信”的文化类节目《信中国》,向当代人展现1921年建党以来中国共产党党员的书信。

作为一个以“中国”命名的节目,《信中国》不只是一个个明星信使声情并茂的朗读,更是让每一位听众感受每一封信中“发现、感动、震撼、振奋”的力量,向当代的青年展现每一封信背后的英雄故事,让中国当代的青年人去了解我们的前辈,了解这些有信仰、有理想、有情怀的革命者。它将每一个人物变得更真实、亲近,拉近现代人与那些伟人、名人、名不见经传却为国家冲锋陷阵的英雄的距离,仿佛他们就生活在我们的身边,向我们诉说着自己对亲人的关切、对敌人的愤慨、对国家的担忧。

在杨开慧写给丈夫毛泽东的信中:"你是幸运的,能得到我的爱,我真是非常地爱你啊。谁把我的信带给你,谁把你的信带给我,谁就是我的恩人。"这是一个妻子对爱人深深的思念,更是一个革命者在艰苦环境下的不屈与坚定。在彭雪枫写给妻子林颖的信中:"越读书,越感到自己的贫乏。我希望我的最亲爱的人,同样有此抱负。埋头,埋头,第三个埋头;苦读,苦读,一百个苦读。"那是一个丈夫对无法相聚的妻子的激励与鼓舞,更是一个将军在艰难抗战中对知识的渴望、对未来的希望。

同时,《信中国》对展示效果进行了创新。在朗读每一封信前,都将背景呈现在了立体、全方位视角的舞台上,给观者足够的视觉冲击。仿佛穿越回那个战火纷飞却又简单质朴的年代,跟随着信中人时而悲伤失落,时而欣喜激动,在心中荡起五味杂陈,仿佛自己就是那个在向爱人倾诉又在向自己诉说的人。

2018 年《经典咏流传》《信中国》等节目的热播,将中国的文化类节目再次推向一个高潮。我们盼望有更多这样有质感、有格调、有情怀的文化传播方式,以唤醒人们心中对传统文化的热爱,使更多的人能够在节目中将自己从繁忙的生活里超脱出来,感受来自民族文化的力量与温情。

国强让和平永驻

杨梦磊

[山东大学(威海)海洋学院 2016 级生物科学专业学生]

在战火和摧毁中,我们的伤口很深。

我们想大声呼喊,但却很微弱……

——题记

2018 年 4 月 9 日,在联合国安理会召开的叙利亚化学武器会议上,叙利亚驻联合国代表巴沙尔·贾法里代表自己的祖国叙利亚与美、英、法代表展开了激烈的辩论。他激愤地斥责美国以莫须有的借口发动对叙利亚的侵略,同时还据理力证了美国的斑斑恶迹。当年美国发动对伊拉克的战争,理由也是伊拉克拥有大规模杀伤性武器,然而时至今日也没有什么有力的证据来为之圆谎。贾法里的发言铿锵有力,掷地有声,丝毫没有一点畏惧霸权而表现出的懦弱。但是,他的发言还未结束,英、美、法的代表就不屑一顾地离场而去。

贾法里的发言还是未能阻止一场侵略战争。2018 年 4 月 13 日晚,叙利亚首都大马士革被警报和爆炸声笼罩,这个被称为"人间花园,地上天堂"的古城,在一夜之间被 100 多枚导弹打破了来之不易的短暂安宁。贾法里在联合国大会上控诉美、英、法对叙利亚的侵略时说道:"我们发现这些化学武器从来都不会去攻击有武器的人,永远只找到了女人和孩子,这些化学物质已经学会区分武装人员了,救援的人员也从来不需要防化服!"他以这番话对美国指责叙利亚对平民使用化学武器的传言进行了有理回击。

叙利亚作为一个主权国家却被肆意侵略,也提醒我们,100 年过去了,我们原以为西方的文明会变得慈悲人道一些,却未想到有些国家仍会披着“正义”的外衣,践踏着来之不易的和平。

叙利亚只是在努力劫后重生,他们做了什么要遭遇这些!国际新闻每天都在给我们上课,落后就要挨打,弱国无外交。我们中华民族何尝不曾是在近代饱受屈辱!从 1840 年英国人用炮火轰开中国的国门以来,100 多年里,列强打着“民主、自由”的旗号,进行着强盗般的侵略,各种不平等的条约让中华民族背上了沉重的负担,让中国每前进一步都显得尤为艰难。

我们不应该忘记过去的屈辱史。第一次世界大战后召开的巴黎和会,中国以战胜国的身份参加会议。中国政府提出的合理主张不但没有得到回应,反而如同战败国一样被宰割。如果说这是偶然,我们大可以从二战期间的雅尔塔会议看到相似的“剧本”。在大局已定的情况下,美、英、苏绕开中国这个当时已为反法西斯战争做出巨大贡献的国家召开了一次“分赃会议”,各国都尽力维持各自的利益,但在牵涉到其他国家特别是中国的主权利益问题上,违背了“世界各国平等合作,尊重主权完整”的原则,“大国主宰一切”的强权政治暴露无遗,正遭受着战火洗礼的中国已没有能力去维护正当的合法权益。国弱,就丧失了真正意义上的话语权;国弱,就没有真正公平的适配度;国弱,就丢掉了掌握自身命运的资本。

正是因为中国有志之士意识到了这一点,在中华人民共和国成立之后,尤其是在改革开放后,中国聚焦于发展与技术创新,在几十年的时间里完成了自身的一次蜕变。我们害怕沦落,害怕国家不宁,所以我们才砥砺前行,孜孜不倦。我们努力地发展是为了有能力守卫我们的和平,而不是如同帝国主义那样将枪口指向别人,疯狂地掠夺别国的利益。今天的中国,正真真切切地变得强大起来,中国这头“睡狮”已经醒了,但正如习近平主席所言,这是一只和平、可亲、文明的“狮子”。

国家的命运与每个公民息息相关,作为青年学生,我们理应居安思危,保持爱国热情,更加努力地建设祖国!国强让和平永驻,国弱只能被动挨打。如果说过去列强在中国海上架起大炮就能对中国指手画脚,那么今天的中国，终于可以在有关南海的问题上有底气地回应："历史终将证明，谁才是南海真正的主人。"中国人的这种自信得益于发展，体现为团结一致、荣辱与共。也惟有这样，我们国家才能维持繁荣昌盛、和平稳定，中华民族才能屹立于世界民族之林！

你的笑容,点亮我们的天空

张　旗

[山东大学(威海)商学院 2016 级金融学专业学生]

一个消防员,一张被浓烟熏黑的脸,咧着嘴露出白牙微笑,前不久这张照片在网络上刷屏,主角被网友戏称为"最黑的网红"。照片中的消防员叫张晓方,是温州消防支队苍南大队龙港中队的一名普通消防员。

有网友说:"他朴实的笑容,是最美的笑容,帅破天际。"

还有人说:"为什么这么可爱的笑容,看得我眼里进了沙子……"

拍下照片的那一瞬间,是他当天第 6 次从火场凯旋。

当人们遇到爆炸事件都拼命往外冲的时候,一抹橘光却奋不顾身地冲进火海,他们,是可敬的消防员。在危险灾难来临时,他们总是义无反顾,为了救更多的百姓,他们无私奉献,甚至献出了自己的生命。

害怕死亡,害怕失去,是人类的共同弱点。可是,在一次次事故中殉职的消防员,难道他们不畏惧死亡,不害怕失去生命吗?他们面对的问题如此尖锐,而如此奋不顾身,是因为,在他们看来比生命更重要的还有职责。为了群众的安全,他们不惜牺牲自己的生命;为了群众的利益,他们不惜付出自己的青春。他们岁数不同,经验不同,可遇到灾难他们有一种共同的使命感、责任感,有一种仁爱之心和侠义精神,那便是一定要保护好人民群众的安全。我们忘不了那些已牺牲的消防英雄,虽然烈火烤化了他们的头盔,却深深刻画了他们在人民群众心目中铁血硬汉的形象。

还记得 2015 年 8 月 12 日晚天津塘沽爆炸事件中"最美逆行"的画面和消防员与家人、朋友聊天记录的一帧帧截屏图片,戳中无数网友泪点。他们在出发前跟亲友说的可能是最后一次的“晚安”，可能是最后一次的“我爱你”。

当所有人拼命往外跑，只有他们拼命往里冲。每一个鲜活的生命的离去，都让人无比痛心。一场爆炸，亦不知拆散了多少对恩爱的情侣，拆散了多少个幸福的家庭。如果他们其中有些人当初没有选择这个职业，这场爆炸可能完全不会危及他们的生命。但是，我们中国人有的，是那无所畏惧、勇往直前的奉献精神。

如果说命令只是一种随意的言语，那我们便不再会言听计从；如果说职责只是口头的承诺，那我们便不再会重视它的存在。当消防战士收到命令奔赴火场前线的时候，当人民需要他们的时候，不论是大事小事，只要群众需要，他们都会挺身而出。他们工作在火的热浪、焰的盛舞之中。面对灼烧的印记与伤痕，他们也不曾退缩，直到夜色弥漫的天空露出东方的鱼肚白……作为一名战士，在人民危难关头，他们必须冲在最前头；不论黑夜、白昼，哪怕是在思念故乡的睡梦中，哪怕是在阖家欢乐的除夕夜，一有命令便要立刻出动。因为时间不等人，救火更是速度与时间的较量。试问，他们没有父母吗？他们没有妻儿吗？可我想他们决定站在消防员这个岗位上的时候，周边的人大多数都劝过他们，这个职业真的付出很大，但他们还是坚定自己的选择，在每一场火灾、每一次地震中英勇无畏。

有时候是进火场，有时候是下井救人，普通人很难想象他们在不知道自己下一秒是生是死的情况下，仍然要继续前行时内心所涌动的情愫。也许他们一身伤痛、一身辛酸，但他们仍然满怀赤诚。当他们带着疲惫从火场凯旋，绽放的仍是最美的笑容，让世界为之动容。

川航机长刘传建

——我们心中的超级英雄

张 旗

［山东大学(威海)商学院 2016 级金融学专业学生］

2018 年 5 月的第二个周末，登录内地的《复仇者联盟 3》火遍了院线。5 月 14 日早晨，当川航 3U8633 飞机上的人们刷着微博，讨论着漫威的超级英雄一波三折的命运时，大概不会想到，几十分钟后，自己的命运也会在短短的时间内跌宕起伏，而在生死之间的关键时刻，有一位力挽狂澜的超级英雄，出现在自己身边。

6 点 38 分，川航 3U8633 航班在万米高空飞行过程中，驾驶舱玻璃突然破裂。舱内失压迅速降到零下 40 多摄氏度，副驾驶半个身子飞出窗外，仪器被毁。此时此刻，机长刘传建凭借过硬技术和心理素质，在仪器多数失灵的情况下，完全凭手动和目视，让飞机平安降落成都，堪称“世界级”备降。千钧一发，万中无一的操作，背后就是 133 条鲜活的生命。

媒体报道，刘传建曾是一名优秀的军校飞行员，转业后在川航工作，有几十年的飞行经验。这次成功备降，我们不能轻率地说仅仅是“部队飞行训练到位”的成果，更多的，我觉得是曾作为一名军人，那些已融入血脉的几乎本能的反应力、执行力和对痛苦的忍耐力。

“在任何时候任何条件下，都要不惜一切代价完成任务。”这是部队对军人的教导，那一刻，他的心里应该安静到只有一个声音：无论如何，我一定要平安降落！这位老兵，他做到了！从事发井然有序地带领整个机组，到事后淡然面对采访，甚至会让人产生一种错觉，觉得这或许本就是一次稀松平常的应急处突事件。然而，当真正了解到事发时的诸多细节，我们才能通过想象感受当时的异常凶险。

强风灌入，副手昏迷，低温刺骨，自动导航解除，数十个操作按钮失灵，失压后想必在驾驶舱还有疯狂跳动的指示灯和呜咽不停的警报蜂鸣；无人帮忙翻开或查阅紧急操作手册，手动转向后，他用肉眼直视着刺眼的阳光，却还要精准地找寻最恰当的降落线路，同时也要冷静地向迫降机场通报情况……这些动作需要在几秒甚至更短的时间内反应过来，并且有条不紊地层层实施，而这一系列紧锣密鼓的操作发生在 9800 米的高空。漏了任何一步，结果或许就是机毁人亡。

我不知道面对那样的场景，刘机长是怎样的心境！普通人怕是心跳都要漏几拍，他却以惊人的冷静没有漏一步，更没有错一步。冻肿了的手，完成了“航空领域外科手术般的动作”！

那些学过的本领、经历的困苦、演练过的特情，最终都融入他的血脉！那天，当飞机挡风玻璃突碎的那一刻，在雅安上空的 9800 米高空，多年军旅生涯在军人身上的烙印——近乎本能的反应力、执行力、忍耐力，在这位空军老兵的身上瞬间苏醒。这位血液里流淌着中国人民解放军传统的机长，以一己之力，把凶险抹平，让 2018 年 5 月 14 日成为日历上不平凡的一天。

时间能沉淀很多东西，超级英雄不一定来自漫威，他来自中国川航，来自中国人民解放军。

以生命的名义，向英雄机长致敬，向中国军人致敬！

不忘初心，砥砺前行

赵若杉

［山东大学(威海)数学与统计学院 2015 级统计专业学生］

“一年一度秋风劲。”又是一年秋风起，微凉的气息诱发我的思绪飘散，飘向那年，那年秋日。秋日里的于都河河水清冽澄澈，曲折蜿蜒，水声潺潺。1934 年 10 月的一个星夜，旗帜呼啸，战马嘶鸣中，一支队伍渡过了秋风乍起的于都河，开始了艰苦卓绝的跋涉。这支浴血的队伍四渡赤水河，巧渡金沙江，强渡大渡河，飞夺泸定桥，翻雪山，过草地，经历了两万五千里的行军和无数次殊死作战，最终抵达甘肃会宁，汇聚在救亡图存的前线。

寒风砭骨，雪山皑皑，刻画出长征者英勇的风姿；黄沙大漠，茫茫草地，驻留着长征者铿锵的足音；长河激流，波涛滚滚，演奏出长征者胜利的赞歌！

驻足回首，长征胜利已然走过 80 个春秋，硝烟已然散去，但红军战士 80 年前所创造的伟大的长征精神永远不会磨灭，它早已融入中华民族的血液，扎根在数亿华夏儿女的心中。

2016 年 7 月 18 日，习近平总书记到宁夏回族自治区考察。从北京直飞固原，驱车 70 多公里到达将台堡，向红军长征会师纪念碑敬献花篮并参观三军会师纪念馆。参观三军会师馆时，习近平总书记谈道：“长征永远在路上。这次专程来这里，就是缅怀先烈、不忘初心，走新的长征路。今天是实现‘两个一百年’奋斗目标的新长征。我们这一代人要走好我们这一代人的长征路。”实现“两个一百年”奋斗目标，实现中华民族伟大复兴“中国梦”，是新的历史时期赋予我们的新的历史任务，是我们这代人的新长征。

长征永远在路上。习近平总书记提出，实现“中国梦”，必须弘扬中国精神。从延安精神、大庆精神、“两弹一星”精神，到三峡精神、青藏铁路精神、载人航天精神，再到竞技赛场上振奋人心、催人奋进的女排精神，这些中国精神的动人篇章，无不是对长征精神的传承与延续，无不是对新长征路的诠释与解读。

传承长征魂，共筑“中国梦”。从1956年10月8日国防部第五研究院成立到2016年9月15日“天宫二号”空间实验室发射升空，60年以来，中国航天事业从无到有、从小到大、从弱到强，离不开航天官兵和广大科技工作者的勇于牺牲和奉献的精神，离不开他们百折不挠、自主创新的精神。面对发达国家在高新技术领域的一系列封锁，他们靠自力更生起步，在自主创新中发展；面对恶劣的环境条件，他们风餐露宿、不分昼夜地探索；面对危险的试验任务，他们毫不畏惧、不顾其身地试验。在他们身上可以看到伟大的长征精神。他们，无愧于做红军的传人；他们，无愧于为长征的接力者。长征精神薪火相传，飞天路上，长征的后来人正传承着长征精神，谱写着更加绚丽的新长征路。

不忘初心，砥砺前行。北京时间2016年8月21日，里约奥运会女排决赛在里约马拉卡纳奇诺体育馆落下帷幕，由郎平挂帅的中国女排，激战四局，最终以3∶1翻盘塞尔维亚，摘得桂冠。国人为之振奋，欣喜若狂。中国女排似乎总是能够创造奇迹，带来惊喜。而奇迹背后，支撑奇迹发生的想必正是一股精神，是不服输的女排精神，更是百折不挠的长征精神。“只要有1%的机会，就会付出100%的努力。”这句话极为简单地概括了女排夺冠的重要原因——百折不挠，顽强拼搏，永不言弃。出征奥运会前中国女排并不被看好，在首场2∶3不敌荷兰的情况下，女排姑娘跌跌撞撞以小组第四的惨淡成绩进入四分之一决赛，先苦战5局以3∶2打败夺冠热门东道主巴西，后以3∶1成功复仇荷兰挺进决赛。决赛中，在先输一局的情况下，女排姑娘们力挽狂澜3∶1攻下塞尔维亚，最终夺下里约奥运会女排金牌。小组赛出线后，中国女排每一场比赛面对的都是实力强劲的劲敌，每一场比赛都被那些不看好中国女排的观众认为是止步赛，然而，女排姑娘靠着“一分一分地咬，一分一分地拼”的精神和韧劲，硬是咬下了一场场硬仗，赢得了最后的胜利，写下了新的传奇。女排夺冠，缘于女排精神，始于长征精神。女排精神与长征精神一脉相承,遥相辉映。正是对百折不挠精神的理解,对永不言弃精神的诠释,使得女排姑娘在比分胶着的情况下,仍然能顶住压力,专心于每一分的争取,紧咬每一分,最终问鼎球坛。竞技场上,女排姑娘们作为长征的后来人正传承着伟大的长征精神,书写着属于她们的新长征路。

不忘初心,砥砺前行。"神舟"飞船相继问鼎太空,实现飞天梦;奥运健儿凝望五星红旗升起,实现奥运梦;青藏铁路穿越高原冻土,实现通车梦。"中国梦"由亿万个梦想交织而成,有亿万个追梦人筑梦成长。"中国梦"的实现依仗每个华夏追梦人梦想的实现。

每个华夏追梦人中,除了鞠躬尽瘁、死而后已的航天科技工作者,除了奋力拼搏、争创佳绩的奥运健儿,除了为国为民、殚精竭虑的罗阳那样的好同志,除了急公好义、扶危济贫的郭明义那样的好公民,还有我们,新时代朝气蓬勃的大学生,新世纪风华正茂的青年人。

不忘初心,砥砺前行。2013 年 8 月 22 日,第八届中国青少年科技创新奖在京颁奖,重庆八中高二学生徐紫宸作为获奖者代表在人民大会堂发言。那时她已获得 RoboCup 青少年机器人世界杯铜奖、第 27 届重庆青少年科技创新大赛一等奖、重庆中小学首届"科技之星"创新大赛二等奖、重庆青少年科技创新市长奖等多个奖项。不仅如此,徐紫宸还是 11 项国家知识产权局审核通过的实用新型专利的所有者。"如果不是兴趣的驱使,不是梦想的激励,或许我的科技创新之路在刚刚起步时就戛然而止了。"这个如今 19 岁的少年发明家还在她的"科技创新梦"的征程上,怀揣热情,脚踏执着,徐紫宸的"中国梦"愈发明晰。

不忘初心,砥砺前行。张超凡,一个只有右臂的"90 后"女孩,"想要就去争取,我们天生就是战士。"天生没有左臂的她靠自己的努力取得了很多同龄人都少有的成绩,2014 年,还在读大四的她边考研边筹办了自己的国学书画院。"我相信,我用右手撑起一片晴空的梦想,必将融入祖国的梦中。高邑的腾飞之梦,民族的千秋之梦,祖国的复兴之梦,必将会在我们超凡脱俗的奋斗中圆梦!"

不忘初心,砥砺前行。刘晓倜,南京航空航天大学 2012 届本科毕业生,在校期间,这个普通的"90 后"女孩,怀揣着支援西部教育的梦想,参与到"大学生志愿服务西部计划”中，她建立“雪域温情”爱心公益 QQ 群，向社会介绍堆龙中学困难学生的情况，在她的努力下，社会各界为西藏困难学生家庭募捐约合 4 万元的衣物，还多方联系，帮助堆龙中学 4 名贫困生找到长期资助人。她默默付出青春和汗水，只为浇灌中国最美的花朵。用自己的知识和力量去奉献自己的爱心，为“中国梦”添砖加瓦。

不忘初心，砥砺前行。往事并不如烟，80 多年的岁月流转，多少繁花锦秀身后，是华夏儿女一脉相承下来的长征魂。曾经的故事消逝流远，长征精神却屹立不倒，历久弥新，在时代的发展中熠熠生辉，获得了永恒的价值和意义。它根植于华夏儿女的血脉和记忆中，成为我们最宝贵的精神财富，激励着一代又一代华夏儿女自强不息，奋勇向前，百折不挠，奋力拼搏。当硝烟不再弥漫，当战火不再连绵，当历史的车轮步入现代，长征精神仍是激励我们前行，激励我们勇敢追逐“中国梦”的强大的精神力量。“中国梦”，是国家富强之梦，是民族振兴之梦，是人民幸福之梦，是亿万中华儿女之梦。一个人是渺小的，但当他和祖国联系在一起时就是伟大的；一个梦想是渺小的，但当它和祖国的梦想交织在一起时便是不可估量的。这是一个梦想绽放的时代，每个人都是梦想家，“中国梦”——我的梦！

长征永远在路上。新时代，我们这代人要传承长征魂，高擎长征精神的火炬，走好我们这代人的长征路，向着中华民族伟大复兴的“中国梦”坚定无畏地前行，不忘初心，砥砺前行，共筑伟大“中国梦”！

中国梦——此心安处唯中华

于哲晨
[山东大学(威海)商学院2017级国际经济与贸易专业学生]

“中华民族伟大复兴的梦想一定能实现!”2012年11月29日,一个注定不平凡的上午,一位时代的伟人沉着坚毅的语调铿锵响起:“现在,我们比历史上任何时期都更接近中华民族伟大复兴的目标,比历史上任何时期都更有信心、有能力实现这个目标。”习近平总书记这样说道。

自此,不论春秋变换,不论岁月更替,“中国梦”始终闪闪发亮。仿若树林焕发生机,仿若星辰闪烁光芒,于每个中国人的心中悄然流淌,自心房流向指尖,汇成一股足以震撼世界的力量——因为我们有一个共同的梦。

这是民族复兴之梦。众志成城,不畏艰险。犹记19世纪末中国陷入空前的民族危机,从中日甲午战争北洋舰队全军覆没,雷动龙惊,有识之士终醒,举旗而呼“改革旧政,救我中华”,到孙中山出国求学,“辄与同国同学诸人,相谈衷曲,而改良祖国,拯救同群之愿”;从郭沫若渴望古老中华“浴火涅槃”重获新生,到鲁迅以笔为兵振臂呐喊,惊醒民众。毛泽东领导中国共产党经历几十年艰苦卓绝的英勇奋斗,中华人民共和国建立,中国人民重新站起来,为中华民族伟大复兴奠下坚实基础。而其复兴的含义也绝非仅仅是恢复古时的兴盛之状,更多的是指明了中国未来的发展方向,为中国发展提供目标和动力。

“中国梦”,是代代相传之梦,是青年一代的梦。“中国梦”是历史的、现实的,也是未来的,更是属于朝气蓬勃的青年一代的。这个梦想,凝聚了几代中国人的夙愿,是每一个中华儿女的共同期盼。“欲言国之老少,请先言人之老少。老年人常思既往，少年人常思将来。惟保守也，故永旧；惟进取也，故日新。惟思将来也，事事皆其所未经者，故常敢破格。”梁启超先生曾发出振聋发聩的呐喊：“少年智则国智，少年富则国富，少年强则国强，少年独立则国独立，少年自由则国自由，少年进步则国进步，少年胜于欧洲则国胜于欧洲，少年雄于地球则国雄于地球。”华夏少年意气扬，发愤图强做栋梁。作为新时代的青年，我们应脚踏实地，点滴积累，不断完善自己，在中国特色社会主义实践中放飞青春梦。

“中国梦”，是植根民心、追求幸福之梦。“中国梦”不是镜中花亦非水中月，而是自诞生的那一刻便深植于人民心中，根牢蒂固。习近平总书记说：“我们的方向就是让每个人获得发展自我和奉献社会的机会，共同享有人生出彩的机会，共同享有梦想成真的机会，使发展成果更多更公平惠及全体人民，朝着共同富裕方向稳步前进。”从孩提时代的睡前故事，对王子和公主过上了幸福生活的憧憬，到少年时代对何为生活之快乐懵懵懂懂的探索，我们一直在追寻幸福。儿时的幸福可能只是吃食玩耍上的顺心，少年时代的幸福也多源自个人的自在如意，而青年的我们处于新时代，幸福的定义不该只流于泛泛，应将个人幸福之源泉融于国之幸福，我们幸福的最终条件应是整个国家的平安喜乐。

“中国梦”，是国泰民安、同心同德之梦。一个中国，同心同德，波澜壮阔，起起伏伏踏碎坎坷，团结统一的中华民族是海内外中华儿女共同的根；一个中国，坚韧沉着，大路宽阔，世世代代淹没辛酸，博大精深的中华文化是海内外中华儿女共同的魂；一个中国，国泰民安，气势磅礴，洋洋洒洒书写新生，实现民族复兴是海内外中华儿女共同的梦。共同的根让我们情深意长，共同的魂让我们心心相印，共同的梦让我们同心同德，我们一定能够共同书写中华民族发展的时代新篇章。

“中国梦”，是世界发展之梦。“丝绸之路初衷继，接轨全球华夏亨。”中国的发展必然寓于世界发展潮流之中，“中国梦”也同各国人民的美好梦想息息相通，通过“一带一路”的建设，中国着力推动沿线国家间实现合作与对话，建立更加平等均衡的新型全球发展伙伴关系，夯实世界经济长期稳定发展的基础，与世界共同发展。中国的发展将为世界各国共同发展注入更多活力,带来更多机遇。

“中国梦”,是追求和平之梦。中国,历经鲜血与战争的洗礼,自枪林弹雨中阔步而出,心愿世界处处皆是净土,欲让和谐之风吹散硝烟,让安宁之雨滋润大地,让和平之鸽翱翔天宇。天下太平、共享大同是中华民族绵延数千年的理想。

“中国梦”,是必将实现之梦!习近平总书记说:“我坚信,到新中国成立100年时建成富强民主文明和谐的社会主义现代化国家的目标一定能实现,中华民族伟大复兴的梦想一定能实现。”

历史染过沧桑却毅然前行,它会向世界证明,在这个新时代,我们,新的青年一代,绝不是颓废的一代,不是平庸的一代,我们有能力,有担当,有理想,有抱负,有指点江山激扬文字的满腔热血,有相期浴火凤凰生的坚毅果决。我们仰望星空,我们亦脚踏实地,我们心有国梦,胸怀天下。我们更坚定信念,砥砺前行,不坠青云之志。我们志存高远、孜孜不倦,勇立前路之明灯,燃燎原之星火。中华儿女愿在“中国梦”的引领下,负着历史最沉重的使命一步步前行,将个人之梦融入民族之梦,以自强不息燃华夏之魂。我们,就是“中国梦”的铁杆践行者。“中国梦”,是必将实现之梦!

吾恋吾乡,吾爱吾国,惟于此处,方得安康。吾有一梦,其名为国,愿以毕生之力,助我国兴。干将发硎,有作其芒。天戴其苍,地履其黄。纵有千古,横有八荒。前途似海,来日方长。美哉我中国之梦,与天不老!壮哉我中华儿女,与国无疆!